Liderazgo al estilo de los sopranos

Por la Superación del Ser Humano y sus Instituciones

Deborrah Himsel

Liderazgo al estilo de los sopranos

Cómo convertirse en un gerente más efectivo

PANORAMA EDITORIAL

LIDERAZGO AL ESTILO DE LOS SOPRANO

Título original en inglés:
LEADERSHIP SOPRANO STYLE

Dearborn Trade Publishing
A Kaplan Professional Company
Leadership Soprano Style
07931 8150 X

Traducido al español por:
Antonio Eroles G.

Primera edición en español: 2005
Primera reimpresión: 2005
© Panorama Editorial, S.A. de C.V.
Manuel Ma. Contreras 45-B
Col. San Rafael 06470 - México, D.F.

Tels.: 55-35-93-48 • 55-92-20-19
Fax: 55-35-92-02 • 55-35-12-17
e-mail: panorama@iserve.net.mx
http://www.panoramaed.com.mx

Printed in Mexico
Impreso en México
ISBN 968-38-1409-3

Críticas elogiosas de Liderazgo al estilo de los Sopranos

"*Liderazgo al estilo de los Sopranos* contiene lecciones valiosas sobre el liderazgo que no se pueden aprender en la escuela y quizás tampoco en el trabajo. Debbie Himsel es una verdadera experta en el campo de las técnicas del liderazgo práctico, y nos comparte su conocimiento sobre lo que funciona — y lo que no funciona — con un análisis divertido pero seriamente provocativo de cómo ser un jefe altamente efectivo en el siglo XXI."

—Andrea Jung, Presidente y Director Ejecutivo, Avon Products, Inc.

"*Liderazgo al estilo de los Sopranos* es un libro divertido. Debbie es una astuta observadora de las prácticas del liderazgo. Extrae sabiduría y percepciones de un medio de entretenimiento. Lo deleitará y muchos de sus consejos le resultarán útiles."

—Ram Charan, autor de *What the CEO Wants You to Know: Using Business Acumen to Understand How Your Company Really Works* y coautor del libro de gran éxito *Execution: The Discipline of Getting Things Done*.

"*Liderazgo al estilo de los Sopranos* es un gol. Lo lleva a través de conceptos críticos del liderazgo en forma directa, pragmática y entretenida. Una lectura refrescante y sustantiva — la autora conoce de negocios, conoce de líderes y conoce como tratar a su audiencia."

—Jean-Pierre Decosterd, Presidente/CEO, División Alimentos, The American Quest Internacional.

"Un libro verdaderamente innovador. Incluso si usted nunca ha visto el programa, su lectura constituye una manera entretenida de comprender la dinámica de un líder fuerte. Aunque la mayor parte de nosotros no vivimos en el mundo de Tony, nos presenta lecciones de liderazgo muy transferibles. Este libro proporciona consejos prácticos para los gerentes del mundo real sobre cómo ser el mejor líder posible."

—Jill Kanin-Lovers, Vicepresidente Senior, Recursos Humanos y Administración del Trabajo, Avon Products, Inc.

"Los líderes reconocen a los líderes. Obviamente, Debbie reconoce a uno de ellos en la persona de Tony Soprano. Además del hecho obvio de "ser el jefe", demuestra todas las características necesarias de un gran líder. Es carismático y posee grandes dotes para escuchar. Tiene la habilidad para liderar con emoción y un estilo de "amor duro" respetado por todos. Y su estilo de comunicación motiva a la gente a escucharlo y lograr los resultados deseados. Debbie captura de esta manera algo muy divertido pero también muy real. Es un gran ejemplo de que "los líderes existen en todas partes, sólo hay que buscarlos." Admiro la capacidad de Debbie para "relacionar" el programa con el liderazgo. De ahora en adelante veré *Los Sopranos* con ojos y oídos muy diferentes."

—Lisa Berman, Presidente y CEO, The Picture People, División de Hallmark

"Si los míticos héroes y villanos del folklore pueden usarse para escribir libros sobre liderazgo, ¿por qué no un libro sobre el liderazgo de Tony Soprano y su pandilla? Ignorando la ética de Tony, este libro ingenioso y bien escrito es una lectura muy divertida. Mucho es lo que se puede aprender de las diez duras alternativas de Tony — sus decisiones de negocios más desafiantes."

—Bernard M. Bass, Profesor Emérito Distinguido,
Centro de Estudios del Liderazgo, Binghamton University.

"Es una manera singular y brillante de analizar el liderazgo."

—Stephen H. Rhinesmith, CDR International,
autor de A *Manager's Guide to Globalization.*

"*Liderazgo al estilo de los Sopranos* es algo que muy pocos libros sobre el tema son en la actualidad — simultáneamente accesible, perceptivo e instructivo. Para alguien que nunca ha visto *Los Sopranos,* la descripción de su líder (Tony) es increíblemente rica, detallada e inmensamente entretenida. Las lecciones que Debbie extrae de esta personalidad son poderosas por su relación con las teorías comprobadas y la práctica de su aplicación simple a la vida cotidiana. Este libro tiene gran relevancia para todos los ejecutivos que deseen mejorar su capacidad para que "las cosas se hagan." Tony es un caso de estudio perfecto... pero Debbie es el verdadero líder en este caso. Su habilidad para ser directa y reveladora sobre su propia jornada de liderazgo, junto con sus características innovadoras y valientes al escribir un tipo de libro diferente sobre el tema, constituyen un gran modelo para todos los que actuamos en este campo. Es una gran adición a la literatura del liderazgo."

—Janet Spencer, Ph. D, Socio, Head of International Operations,
Mercer Delta Consulting, LLC y coautora de *Executive Teams.*

Dedicatoria:

A Mom, Meem y Pap, por su amor
y apoyo incondicionales.

Reconocimientos

Este libro fue intencionalmente escrito como una obra práctica y no teórica del desarrollo del liderazgo. Sin embargo, está muy arraigado en la teoría del liderazgo y en casi 20 años de observaciones y prácticas en el campo.

Aprendí la teoría de primera mano de algunos de los mejores expertos: Bernie Bass, Peter Cairo, Ram Charan, David Dotlich, Steve Rhinesmith, Noel Tichy y Dave Ulrich.

He sido testigo presencial de las acciones de algunos de los grandes líderes, tanto en Pfizer como en Avon Products, Inc. Andrea Jung, Director Ejecutivo de Avon Products, Inc., es uno de los líderes más carismáticos e inteligentes de nuestra era. Su Director de Operaciones, Susan Kropf, es un modelo de una rara combinación de tenacidad, autenticidad y sinceridad. Otros "maestros" de gran talento de Pfizer y Avon incluyen a: Brian Connolly, Bob Corti, Harriet Edelman, Ben Gallina, Karen Katen, Hank McCrorie, Hank McKinnell, Amilcar Melendez y Bob Toth.

También he sido afortunada al aprender liderazgo de algunos grandes jefes; Jill Kanin-Lovers, Ron Pannone y Evelyn Rodstein. Mi mentor, Bill Pelton, contribuyó con liderazgo para su equipo y sabiduría para mí.

Finalmente, mis mejores maestros han sido aquellos que han trabajado conmigo y para mí. He seguido creciendo como líder a través de su continuo apoyo y retroalimentación. Le doy las gracias, en especial a mi equipo actual: Luli Bonorino, Robin Cohen, Mae Eng, Jonathan Fisch, Robin Fischer, Amy Greenholtz, Paige Ross, Diana Sacchi-Martinovic, Brenda Sánchez, Celeste Santos, Dan Schmidt y mi coach de inteligencia emocional Alice DiPalermo.

Otros colegas que han tenido influencia en mi manera de pensar y quienes podrán apreciar sus perlas de sabiduría distribuidas en este libro son: Tom Barbieri, Rick Brandon, Jill Conner, Lee Ann del Carpio, Charlotte Forbes, Mike Fruge, Ben García, Neil Johnston, Blair Jones, Peggy McMahon, Agnes Mura, Donna Ng, Alice Portz, Lauren Powers, Ginny Pulos, Gail Robinson, Martin Snow, Janet Spencer, Wendy Weidenbaum, Ginny Whitelaw y claro está, Jerri Frantzve.

Mi agradecimiento a todos los que me han ayudado a darle forma al manuscrito: Peter, Jerri, Jill y Bruce. Además, un escritor nunca puede realizar su tarea sin un equipo editor. Trabajar con el grupo editorial de Dearborn Trade ha sido un deleite. Tuvieron fe en este libro desde el principio y me han apoyado enormemente a lo largo de toda la jornada. Expreso mi agradecimiento especial a mi editor Jon Malysiak.

Escribir un libro mientras se trabaja tiempo completo y se dan clases nocturnas puede ser bastante estresante en ocasiones. Tengo la suerte de contar con una "infraestructura" de familiares y amigos para ayudarme y cuidarme. Gracias a mi madre, mis abuelos y a Jane, James, Jim, Luisa, Jamie, Jeff y Barbara.

Por último, vivo en Brooklyn, lugar conocido por sus pandilleros. Recibí ayuda de un par de habitantes de mi barrio que saben lo que realmente sucede en las pandillas — gracias. Ustedes saben quiénes son y me hicieron prometer que no mencionaría sus nombres.

Índice

Prólogo

Uno de los aspectos más interesantes de la vasta literatura del liderazgo es cómo aprenden exactamente los líderes. Se gastan millones de dólares cada año en programas, seminarios, talleres y cursos para ayudar a los líderes a adquirir las cualidades que los harán exitosos a ellos y a sus organizaciones. Las empresas planean estrategias muy elaboradas para proporcionar la combinación adecuada de experiencias y entrenamiento que les permitirá tener la gente adecuada. Al mismo tiempo, ha existido a través de los años un debate muy acalorado sobre si los líderes nacen o se hacen. Es un tema muy interesante, pero en última instancia irrelevante. Como lo expresó alguna vez Peter Drucker, "Quizás existen líderes que nacen como tales, pero son muy pocos para depender de ellos." En un entorno global complejo, dinámico y a veces atemorizante, la mayor parte de las organizaciones busca con ahínco la forma de desarrollar a sus líderes. Puede no ser posible crear un líder de "la nada", pero la experiencia indica que existen formas evidentes de cómo ser más efectivos cuando se ocupan las grandes alturas.

Los últimos años han sido testigos también de una dramática disminución con respecto a los líderes. Los antiguos iconos corporativos se han autodestruido debido a su exceso de ambición, voracidad y acciones sin principios. Cuestionamos la habilidad de nuestros líderes políticos y nos quejamos de escasez de gente verdaderamente preparada en busca de un puesto de elección. Si bien nuestro cinismo y sospechas van en aumento, persiste todavía un profundo deseo de encontrar personas dignas de ser emuladas. Mantenemos el mito del líder "heroico", alguien poseedor de cualidades casi perfectas que tenga todas las respuestas cuando nosotros sólo tenemos preguntas. Objetivamente, conocemos líderes afectados por nuestros mismos defectos. Pero los mitos mueren con lentitud y nuestra búsqueda continua.

Tony Soprano no es ningún héroe y este libro no sostiene que lo sea. No se trata de intentar canonizar a un personaje ficticio cuyos logros incluyen "ajustar cuentas" con quienes se interponen en su camino. Difícilmente se trata de un consejo que se le daría a los líderes para reaccionar ante las amenazas competitivas del entorno. Y muchas de las tácticas que emplea para obtener resultados terminarían con una condena penitenciaria. Sin embargo, como lo demuestra este libro, hay lecciones valiosas que pueden aprenderse incluso a partir de seres seriamente afectados — y no sólo por lo que hacen mal. Si se reflexiona en los líderes que han caído en desprestigio, casi todos se consideraron en un tiempo como el epítome de sus profesiones. ¿Alguien dudaría del talento de Martha Stewart, a pesar de sus recientes problemas de acusaciones de manipular la venta de acciones? ¿O dejaría de reconocer el flirteo de Bill Clinton con la grandeza antes de que surgieran sus otros flirteos? Pregúntele a los líderes contemporáneos cómo le dieron forma a su visión de liderazgo y le dirán que fueron muy influenciados por su observación de otros líderes — tanto en sus fracasos como en sus éxitos. Éste es el argumento central de este libro.

¿Cómo adquirió Tony sus habilidades de liderazgo? Ciertamente, nada en la serie ni en este libro sugiere que asistió a un seminario para desarrollar su efectividad como líder — como lo hacen miles de ejecutivos en la actualidad. Nunca ha participado en experiencias de "claustros" con su equipo para mejorar la forma de trabajar en grupo. Y no hay nada que sugiera que Tony fuera, sea o alguna vez se convierta en un consumidor voraz de libros sobre liderazgo. Como espectador de la serie, no puedo recordar una escena donde aparezca con un libro en las manos. Podemos presumir entonces que las habilidades de liderazgo de Tony son una combinación de instinto y sus observaciones durante su infancia y adolescencia en las calles de New Jersey.

Debbie Himsel es tanto una estudiante como una practicante del liderazgo. Ha estudiado la literatura, trabajado con innumerables líderes para mejorar su efectividad y reflexionado profundamente en la verdadera esencia del liderazgo. Como lo demuestra este libro, sabe de qué está hablando. Es capaz de extraer de este personaje ficticio y popular lecciones aplicables a cualquiera en una posición de liderazgo. Sabe que los líderes deben ser conscientes de sus fortalezas y debilidades, ser capaces de articular una dirección clara para su organización, motivar a su gente y situar a los individuos apropiados en los trabajos adecuados. Ya sea que se le ame o se le odie, se esté de acuerdo o no con sus tácticas, no hay duda de que Tony Soprano ha usado éstos y otros atributos aceptados del liderazgo para alcanzar el éxito.

Lo conmino a leer este libro. Aun los que no hayan seguido la serie encontrarán que las conexiones que hace la autora entre las acciones de los Soprano y las prácticas convencionales del liderazgo son profundas y sagaces. Si usted es un asiduo de la serie, se deleitará al recordar muchos de los episodios que han contribuido a la enorme popularidad del programa. Este libro no sólo es entretenido, sino relevante. Mi opinión es que aprender sobre el liderazgo puede asumir varias formas y que no está restringido a asistir a un seminario o escuchar las sabias palabras del gurú de moda. Una parte del aprendizaje más valioso del liderazgo se produce al observar las acciones de otros, aprendiendo de su experiencia. Este libro proporciona al lector la oportunidad de analizar a un personaje ficticio a través de la lente de los principios importantes del liderazgo. Se pueden aprender muchas lecciones de personajes como Tony Soprano.

Peter Cairo, Bearsville, New York (Agosto de 2003).

Introducción

¿Por qué Tony Soprano? ¿Qué puede aprender sobre liderazgo alguien dedicado a los negocios de un jefe pandillero ficticio y soez? ¿Qué relevancia tiene la forma en que Tony maneja y manipula a un pequeño grupo de criminales de North Jersey con la gerencia de un equipo, una división o una corporación? Aunque pudiera olvidarse de lo que Tony hace para ganarse la vida, ¿no es su estilo de ordenar y controlar anticuado a todas luces? ¿No usa el poder cuando debería usar la influencia y dicta cuando debería delegar?

No pretendo afirmar que Tony Soprano es un líder perfecto y reconozco que se trata de un ser humano con defectos trágicos. No obstante, sostengo que es un jefe notablemente efectivo y empático que puede enseñarle algunas cosas sobre liderazgo a bastantes MBAs. Cualquier fanático del programa de televisión reconocerá la verdad de esta afirmación con sólo reflexionar en la forma en que Tony dirige su negocio. Piense en la relación de rendición mutua de cuentas que ha establecido con su gente, relación por medio de la cual su equipo arriesgará literalmente la vida para alcanzar los objetivos del grupo. Considere el carisma de Tony y cómo lo usa con Dale Carnegie — con gran vigor para ganar amigos e influir en la gente. Recuerde su brillante estratégica al diversificar su negocio selectivamente, asumiendo riesgos que se traducen en un centro de utilidades tras otro.

Tony no es la primera persona ajena a la comunidad de negocios en ser reconocido como líder y tampoco será la última. Atila el huno, Jesús, General George S. Patton y Maquiavelo han sido tema de libros de liderazgo por alguna razón. Nos obligan a pensar de nuevas maneras, sacándonos de nuestra zona de comodidad y forzándonos a considerar otras alternativas. La gente se queja, con razón, de que los modelos y teorías del liderazgo no funcionan tan bien en el mundo real como en los libros, y Tony nos proporciona un nuevo modelo. Es un modelo imperfecto pero muy real, y he encontrado que tiene un gran efecto sobre toda clase de directivos en muchos tipos de negocios.

Como ejecutivo de desarrollo de liderazgo en Avon, siempre estoy buscando nuevas maneras de ayudar a la gente a aprender y mejorar sus habilidades. Uso una diversidad de herramientas y técnicas para este propósito, pero la que mejor me ha servido para un enfoque revolucionario implica estudiar el estilo de Tony Soprano, interpretándolo y adaptándolo al entorno empresarial. Parte del atractivo de este estilo es que produce resultados. Las organizaciones de la actualidad requieren líderes que sepan como lograr que las cosas se hagan, que sean hábiles para cortar la burocracia y que encuentren soluciones innovadoras a problemas complejos. Éstos son ejemplos de las fortalezas de Tony y comprender cómo logra resultados suele inspirar a los ejecutivos a idear sus propios enfoques al estilo de Tony.

Otra de sus fortalezas es su empatía. Las empresas necesitan líderes que puedan establecer y mantener relaciones con grupos diversos de personas. A pesar del carácter presionador y sesgado de Tony, es una persona profundamente empática que usa esta característica dentro y fuera de su organización. Escucha con atención, se comunica con claridad, y no teme expresar sus emociones. Todas éstas son habilidades de liderazgo muy valiosas y podemos aprender a usarlas apreciando las "acciones" de Tony.

Tony posee otras fortalezas de liderazgo que discutiré en detalle, pero su orientación a resultados y empatía son ciertamente el corazón de su estilo de liderazgo. Descubrí este corazón simplemente viendo el programa y deseo compartir esa experiencia con usted y la forma en que la apliqué en el lugar de trabajo.

MÁS QUE SÓLO OTRA CARA BONITA

Cuando vi la primera temporada de *Los Soprano* en HBO, pensé en más de una ocasión, "Este individuo [Tony] es realmente un buen líder." Hago esta afirmación a pesar de una cierta incredulidad, sabiendo que estaba asignando prácticas efectivas de liderazgo a alguien que no trabaja en el mundo corporativo y que ni siquiera existe. A pesar de ello, las cosas que Tony decía y hacía me producían mucha resonancia. Sus sesiones de coaching con Christopher me recordaban las luchas que había tenido con algunos miembros de mi equipo y admiraba la hábil manera como las resolvía. Su búsqueda de conciencia de sí mismo me sorprendía como algo con lo que podía relacionarse mucha gente de la comunidad empresarial. Cada vez en mayor grado, los que trabajamos en el desarrollo de liderazgo hemos visto los beneficios para los ejecutivos que se percatan de sus fortalezas y debilidades; quienes aprenden a manejar sus debilidades se convierten en ejecutivos más efectivos. Tony, como muchos gerentes provenientes de entornos empresariales tradicionales, era renuente a expresar o explorar sus sentimientos. Su habilidad para vencer esta renuencia — a través de su trabajo con su propio "coach ejecutivo", la Dra. Melfi, — podría servir como guía para otros hombres de negocios que fueron "educados" para ocultar sus sentimientos.

Durante el último episodio de la primera temporada, cuando Tony hace saber a su equipo que está viendo a un psiquiatra, comencé a pensar seriamente en la noción de Tony como catalizador del desarrollo de liderazgo. En esta escena, Tony le pide a su gente que comparta sus reacciones sobre esta noticia sobre su consulta con un terapeuta "diciéndomelo a la cara". Continuaba diciendo que, después de discutirlo esa vez, nunca se volvería a mencionar el asunto. Brillante, pensé. Primero, solicita retroalimentación de sus subordinados directos de un aspecto que muchos líderes odiarían discutir, dándole a su gente permiso para ser brutalmente honesta en cuanto a sus sentimientos. Segundo, se asegura de que el tema no se vuelva recurrente y los distraiga, insistiendo en que ésa sería la única oportunidad de discutirlo.

Le dije a mi familia, "Quisiera haber tenido las agallas para hacer eso con mi equipo". Acababa de recibir mi reporte de retroalimentación de 360° y estaba trabajando en un plan de acción, pero todavía no había discutido nada con mi gente. Quizás, pensé, debería seguir el ejemplo de Tony y discutir directamente con ellos su retroalimentación, en vez de sólo leer lo que habían expresado. Al día siguiente, monté un rotafolios y usando el reporte de retroalimentación, listé los aspectos más importantes que el equipo había dicho que hacía bien y las áreas en las cuales pensaban que debería mejorar. Lo mostré a mi equipo y les presenté un panorama de lo que haríamos, diciéndoles que contaban con 15 minutos para exponer cualquier cosa que creyeran que debería hacer de manera diferente. Ésta era su oportunidad. En lugar de quejarse unos con otros en los pasillos o alrededor de la cafetera sobre cómo había manejado una cierta situación, tenían ahora la oportunidad de "decírmelo a la cara". Si bien yo pensaba que había sido abierta a la retroalimentación, nunca había formalizado el proceso dándoles permiso explícito para expresar su sentir. Al principio no dijeron mucho, pero a poco de iniciarse la reunión comenzaron a abrirse. Al final de los 15 minutos habían dicho cosas que habían mantenido ocultas (no fueron ni la mitad de malas de lo que yo esperaba) y contábamos con un plan para avanzar.

Durante las dos primeras temporadas del programa, me vi aplicando al trabajo varias lecciones aprendidas de la serie. Por ejemplo, siempre había sido el tipo de líder que en ocasiones se retraía de dar retroalimentación directa o confrontar situaciones difíciles. Si bien era capaz de enseñarle a otros cómo hacerlo, a mí no se me daba bien, en especial cuando lidiaba con gente cercana. También sentía que, si no seguía correctamente el modelo de retroalimentación, podría lastimar a alguno de manera inadvertida. Sin embargo, ver a Tony proporcionando retroalimentación, me enseñó que ser directa y honesta con mi gente podría ser un enorme beneficio. ¿Por qué tenía que cuidar tanto mis palabras? Simplemente debería decirlo con el verdadero estilo de Tony Soprano. A medida que comencé a dar una retroalimentación más cándida, vi que no se materializaban mis peores pesadillas. Nadie se echó a llorar. Nadie dijo que me odiaba. Nadie renunció. De hecho, la gran mayoría respondió positivamente a la retroalimentación y me alentó a continuar siendo abierta y honesta con mis evaluaciones y sugerencias.

También me impresionó la forma en que Tony se plantaba ante sí mismo y su gente. En algunas ocasiones trabajé con un consultor cuyo estilo es el ataque cuando no está de acuerdo con uno, es condescendiente y le da poca importancia a las cosas, pero también es muy sagaz e ingeniosa. En el pasado, por lo general evitaba tener discusiones con ella. Me parecía mucho más fácil y menos estresante manejar la situación estando de acuerdo con ella. No obstante, después de ver a Tony, decidí intentar un enfoque diferente. En vez de permitir que atacara, desafiaba su punto de vista, explicando por qué creía que estaba equivocada. No lo hacía con el temperamento ni las palabras de Tony, pero cuando realmente creía que estaba equivocada, simplemente se lo decía. No voy a pretender que le gustó mi actitud — de inmediato se volvía defensiva y ofensiva (atacaba las bases de mi desafío) simultáneamente — pero después de hablar por unos minutos, podía apreciar que, cuando menos, estaba dispuesta a ajustar su punto de vista sin obligarme a cambiar el mío. Fue una victoria pequeña, pero victoria al fin y al cabo. Y lo mejor de todo es que me hizo sentirme mejor por habérmele enfrentado.

Hasta ese momento, había enseñado cuantos modelos de coaching y retroalimentación existían en el mercado, todos ellos basados en teorías sólidas sobre el liderazgo. Tony me ayudó a darme cuenta de que había otras maneras de comunicar los conceptos teóricos; él ilustraba sus conceptos sobre la formación de relaciones y pensamiento estratégico sin usar palabras elegantes. Sus acciones transmitían volúmenes sobre lo que un buen líder debe hacer. Podría señalar algo que Tony había dicho o hecho y la gente lo comprendía de inmediato.

Durante la segunda temporada, comencé a sustituir los modelos de cinco pasos por los de Tony. Utilicé "tonyismos" — citas de Tony relacionadas con el liderazgo — en cursos de capacitación con líderes de Avon y su respuesta fue entusiasta. Usé algunos ejemplos Soprano en un taller de coaching, señalando paralelismos entre la forma en que Tony lidiaba con ciertas situaciones similares a las que podían enfrentar como gerentes. Noté que muchos líderes, tanto hombres como mujeres, parecían relacionarse con la combinación de poder y vulnerabilidad de Tony, con la forma en que se sobreponían sus vidas personales y profesionales, y cómo se enfrentaban a las situaciones cuando no existía una respuesta correcta.

Analicé por qué Tony resultaba un maestro tan efectivo, hablando con consultores, profesores y colegas sobre la forma en que sus respuestas a situaciones desafiantes resultaban tan instructivas para los hombres de negocios. Llegué a la conclusión de que mucho tenía que ver con su posición de jefe casi mítico y la hipérbole asociada con los programas de televisión. James Gandolfini es un actor excelente, el personaje está muy bien delineado y esta combinación nos hace ver los aspectos del liderazgo con gran claridad. Cuando leemos historias de casos sobre líderes — directores ejecutivos y empresarios — nos vemos atrapados en los detalles del caso y los aspectos de liderazgo resultan confusos. No podemos juzgar ni aprender de las acciones de un líder porque estamos pensando en la historia de la compañía, los factores que afectan a su sector, el entorno competitivo, etc. Cuando vemos a Tony, no nos sentimos distraídos por el contexto de negocios. Nos podemos concentrar en la forma en que resuelve problemas difíciles, comunica con claridad asuntos complejos y crea conceptos innovadores de negocios. Y lo hace parecer fácil. En vez de batallar por entender teorías de liderazgo complejas, simplemente podemos ver lo que Tony hace y decir, "Ah, así es como funciona".

No estoy sugiriendo que Tony tenga la respuesta a cualquier problema de un líder o que lo más simple sea siempre lo mejor. Es sólo que este personaje ficticio ofrece percepciones sobre la efectividad del liderazgo con más rapidez y dramatismo que algunas de las técnicas de desarrollo en las que se basan las organizaciones. Con este propósito, veamos lo que sucede cuando ponemos a Tony a trabajar en una organización.

CUANDO EL JEFE HABLA, LA GENTE ESCUCHA

Uno de los equipos con los que estaba trabajando estaba intentando resultar más cohesivo y comunicarse con mayor efectividad entre sí. No habíamos logrado buenos avances y durante un descanso recordé un episodio que había visto recientemente, en el que Tony y su gente analizaban los problemas experimentados por otro equipo, mientras cenaban macarrones con vino. También recordé que ésta parecía ser una técnica usada por Tony cuando deseaba facilitar una sesión más abierta de resolución de problemas; que la comida y la bebida ayudan al relajamiento de todos y les permite intercambiar ideas con más libertad; que las interacciones sociales frecuentes establecen una camaradería que beneficia al proceso de trabajo del grupo.

¿Qué pasaría si el equipo con el que estaba trabajando saliera del edificio de las oficinas y se reuniera en un restaurante donde pudiera comer, beber y hablar? Propuse la idea de que saliéramos a almorzar juntos y de inmediato protestaron que no tenían tiempo para almuerzos prolongados. Este equipo había estado bajo una gran presión durante todo un año y la mayoría de sus integrantes tomaba su almuerzo en su lugar de trabajo para ahorrar tiempo. Al hablar del asunto, resultó evidente que tenían problemas de cohesión y comunicación en parte porque se reunían poco socialmente — habían abandonado el hábito de comer juntos o reunirse después del trabajo en algún bar. Hacer el esfuerzo de volverse más sociables se convirtió en la clave para resolver los problemas de comunicación. Aconsejé al líder del equipo a presidir los almuerzos del grupo, tal como Tony orquestaba las comidas del suyo, y vi cómo las relaciones que habían existido en el pasado entre los integrantes del grupo volvían a formarse al bromear, contar historias y expresar sus sentimientos sobre lo que sucedía en la empresa.

Pocos meses después, asistí a una reunión gerencial donde un líder de experiencia sugirió que necesitábamos un mecanismo para sacar a la luz los conflictos y resolverlos. Recientemente habíamos reorganizado parte de la operación y nos habíamos dado cuenta de que, a causa de una relación matricial de subordinación, compleja pero necesaria, carecíamos de un dispositivo para lidiar con los inevitables conflictos que se presentarían. Después de discutirlo y desechar varias herramientas de resolución de conflictos por considerarlas inadecuadas para la situación, nos vimos en un limbo hasta que Tony vino nuevamente a rescatarnos. Cuando se presenta un conflicto en el mundo de Tony, los jefes llaman a una sesión de confrontación. Estas sesiones tienen protocolos muy específicos (que describiré en detalle en el Capítulo 3) y pueden resultar muy útiles para estimular a la gente a hablar sobre temas sensibles y resolver problemas complejos. Definimos una manera de adaptar las metodologías de reuniones de confrontación para satisfacer algunos de los requerimientos de la administración de conflictos de la empresa.

Durante los últimos años, he traducido diversas técnicas y procesos del programa de televisión a mi trabajo de coach y desarrollo de liderazgo, que comparto con usted en este libro. *Traducir* es la palabra clave. Obviamente, muchos de los métodos usados por Tony para alcanzar los objetivos de su familia son ilegales o inapropiados en el entorno corporativo. Sobornar a un funcionario público para hacer un trato no es la manera de hacer las cosas (aunque encontrará a muchos que así lo piensan). Aun cuando sienta deseos de meter los pies de un vendedor displicente en un bloque de concreto para sumergirlo en un pantano cercano, esa no es la manera de establecer buenas relaciones con sus proveedores.

Por consiguiente, traducir significa usar los métodos de Tony como inspiración de métodos organizacionales similares. Como lo descubrirá durante la lectura, los métodos de comunicación de Tony, directos, empáticos e impactantes, generan una serie de técnicas viables que pueden ser aplicables a cualquier organización. Las historias detrás de este enfoque para tomar decisiones — desde la forma en que decide matar a Pussy hasta su elección de permitirle a Junior una ilusión de poder — constituyen historias de casos dignas de ser estudiadas. Al analizarlas, podremos contar con una buena percepción de la toma efectiva de decisiones.

Si usted es escéptico en cuanto a esta premisa — de poder aprender de Tony Soprano sobre el liderazgo — lo invito a contestar las siguientes preguntas. Después de analizarlas, le apuesto que *Liderazgo al estilo de los Soprano* tendrá un sentido más intuitivo para usted:

1. ¿No le encantaría contar con Tony Soprano para hablar con un subordinado talentoso pero de estilo lobo solitario, que se resiste a sus esfuerzos para hacerlo trabajar como parte del equipo?
2. Si su empresa ha tenido problemas de liquidez, ¿no sería Tony un buen candidato para ayudarlo a negociar algunos préstamos?
3. Si usted lograra contratar a alguien para un puesto ejecutivo, que combinara una gran habilidad para que las cosas se hagan con una naturaleza empática, ¿no encabezaría Tony la lista de candidatos?
4. Si se enfrentara a una negociación difícil con un socio importante, ¿no desearía contar con Tony de su lado para lograr un acuerdo ganar-ganar?
5. Considere que estuviera tratando de reclutar a un ejecutivo de alto desempeño, quien también es buscado con ahínco por otras empresas. ¿Cree que Tony tendría más éxito haciéndole una oferta que no pudiera rehusar?
6. Está a punto de perder a un excelente empleado que está siendo enamorado por cazadores de cabezas y otras organizaciones. ¿No sería menos probable que esta persona renunciara si su jefe fuera alguien como Tony Soprano, que inspira respeto y lealtad a su gente?
7. Si usted necesita a alguien para iniciar con rapidez un nuevo negocio, ¿no sería Tony su hombre?
8. Su consejo de administración está preocupado por el declive de su empresa en meses recientes. Llaman al Director Ejecutivo y él les asegura que muy pronto se revertirá la tendencia. ¿Cree que el consejo mostraría más credibilidad a esta promesa si proviniera del CEO o de los labios de Tony?

9. ¿No garantizaría Tony que las reuniones se realizarían con mayor celeridad y eficiencia; no garantizaría que se discutirían los asuntos importantes sin preámbulos ni pontificaciones?
10. ¿No sería grandioso tener a Tony como Director Financiero para resolver el problema de cuentas por cobrar?

PERSONAJES CLAVE EN LA ORGANIZACIÓN DE TONY SOPRANO

Estoy suponiendo que usted está familiarizado con los nombres que he estado mencionando. Aun cuando nunca haya visto el programa, el nombre de Tony Soprano ha aparecido en las noticias con más frecuencia que el de los jefes pandilleros reales. Aún así, creí que resultaría conveniente proporcionar una lista de los nombres y las descripciones identificativas de algunos de los personajes que aparecen en el programa. Como verá, también he incluido mi interpretación de algunos de sus papeles y los títulos equivalentes si trabajaran en una organización tradicional:

- **Tony Soprano** — Director de Operaciones de la familia mafiosa de North Jersey. Se autodescribe como capitán de industria. Puede ser un Director de Operaciones, pero es quien en realidad dirige todo.
- **Corrado "Junior" Soprano** — Director Ejecutivo de la familia pandillera de North Jersey y tío de Tony. Un jefe de familia a la antigua, es el líder tradicional de ordenar y controlar, cuyos modos y estilo parecen irremediablemente enterrados en el pasado.
- **Dra. Jennifer Melfi** — Psiquiatra de Tony. Sería un excelente coach ejecutivo.
- **Christopher Moltisanti** — Refuerzo, sobrino y heredero de Tony. Quizás no está listo para dirigir la familia y puede necesitar más madurez, pero es de su sangre. El equivalente a un buen gerente de ventas o marketing en una gran corporación.
- **Silvio Dante** Consigliere o asesor de Tony y gran facilitador de reuniones de confrontación. Abogado general interno.

- **Paulie Walnuts** — El brazo derecho de Tony. Es capitán pero no se siente apreciado por Tony. Sería apropiado para recursos humanos.
- **Herman "Hesh" Rabkin** — Consejo externo de Tony. Tuvo la misma función con el padre de Tony. Consultor gerencial en una empresa especializada.
- **Big Pussy Bonpensiero** — Antiguo e importante soldado de la familia. Pagó el máximo precio por deslealtad a la familia y ahora nada entre peces. Ejecutivo de manufactura de bajo nivel.
- **Artie Bucco** — Propietario del restaurante Vesuvios, donde Tony y su gente tienen reuniones periódicas. Es amigo de la infancia de Tony y su mentor. Sería un buen planificador de eventos.
- **Richie Aprile** — Empleado malhumorado. Regresó de un tiempo en la cárcel para reclamar su posición anterior. Desapareció. Richie equivaldría a un gerente medio.
- **Furio Giunta** — Talento externo que Tony reclutó de sus socios de negocios italianos. Proporciona el músculo. Ejecutivo de marketing global.
- **Ralph Cifaretto** — Uno de los capitanes de Tony y buen generador de ganancias. Es volátil y se le ha dado retroalimentación sobre su cuestionable buen juicio. Venido a menos en su trabajo. Posición corporativa equivalente: vendedor estrella.
- **Gigi Cestone** — Uno de los antiguos capitanes de Tony. La promoción de Gigi no fue una de las mejores decisiones de Tony.
- **Johnny Sack** — Director operativo de la familia pandillera de New York y socio de negocios de Tony. Es también un rival del liderazgo de Tony.
- **Carmine Lupertazzi** — Director ejecutivo de la familia de New York. De la vieja escuela. Puede ser "adquirido" muy pronto por la familia de New Jersey.
- **Congresista Ronald Zellman** — Socio de negocios clave en muchos de los esquemas de Tony. Pocas veces cumple con un trato que no le guste.
- **Carmela Soprano** — Esposa de Tony y su mejor socio y aliado.
- **Meadow Soprano** — Hija de Tony de edad universitaria. Lista pero carente de criterio para los negocios. Le gusta gastar el dinero de papá.

- **AJ Soprano** — Hijo adolescente de Tony. Lo más probable es que no quiera incorporarse al negocio de la familia.
- **Livia Soprano** — Madre de Tony. Epítome de desconfianza y cinismo. De vez en cuando trata de actuar como consejero menor.

HISTORIAS LLENAS DE ACCIÓN Y EJERCICIOS ORIENTADOS A LA ACCIÓN

Bien que usted sea un CEO o un ejecutivo joven que acaba de iniciar la ruta del liderazgo, este libro le proporcionará ideas y técnicas prácticas. Algunas de ellas estarán en forma de historias, tanto de *Los Soprano* como de la vida organizacional. Otras tomarán la forma de preguntas, listas de verificación o escenarios de papeles.

También he intentado que este libro sea tan ameno y entretenido como resulte posible, pues no me gustaría que se convirtiera en una lectura tediosa sobre el liderazgo. Como ya se lo habrá imaginado, algunos conceptos pueden expresarse con ironía; el humor no sólo es entretenido, sino que también ayuda muchas veces a que el mensaje sea más poderoso. Claro está, Tony es muy serio para sus asuntos y también yo lo soy — por lo menos cuando se trata de ayudar a la gente a convertirse en jefes más efectivos. A lo largo de mi carrera he estado abierta a explorar los métodos alternativos de desarrollo del liderazgo que funcionen mejor que los enfoques tradicionales. Ésta es una alternativa que me tiene muy convencida.

El tema central de este libro cubre toda una gama de aspectos. Estrategia, estructura, toma de decisiones y resolución de conflictos son algunos de los tópicos cubiertos, si bien los cubro en una forma que puede no haber experimentado antes. También explico cómo usar el carisma como herramienta de liderazgo y la forma de recibir y dar retroalimentación de una manera que nunca habrá experimentado en el pasado. Si usted es un ávido seguidor del programa de televisión, encontrará referencias a algunos de sus episodios, escenas y personajes favoritos. Pero incluso si nunca lo ha visto, verá que comprenderá con rapidez los puntos de la trama y los principales personajes, y que las lecciones de liderazgo serán tanto efectivas como relevantes.

Quisiera enfatizar que éste es un libro sobre liderazgo en primer lugar y sobre *Los Soprano* en segundo. No soy crítico de televisión. Si usted quiere encontrar resúmenes de evaluación de cada programa y discutir si Tony volverá a vivir con Carmela, hay muchos sitios en la Web que puede visitar. Mi área de experiencia es el desarrollo de liderazgo y como fanática del programa, descubrí una sorprendente sinergia al combinar las acciones y métodos de Tony con los problemas de liderazgo y las oportunidades que se le presentan a la gente en las organizaciones modernas. Soy consciente de que se trata de una sinergia muy especial. Estoy segura que reaccionará con escepticismo si escuchara hablar de un libro llamado *Bart Simpson y el liderazgo* o *Los secretos de liderazgo de Ally McBeal*. No obstante, cuento con mucha evidencia indicativa de que el estilo de liderazgo de Tony puede ser la inspiración de un desarrollo efectivo del liderazgo para todos los niveles ejecutivos.

A lo largo del libro, he incluido pasajes de sabiduría al estilo Soprano. Algunos de ellos toman la forma de recuadros de "tonyismos", citas de Tony usadas para ilustrar los aspectos del liderazgo (y algunas veces para aligerar con toques de comicidad la forma muy seria y tradicional de considerar el liderazgo). También encontrará "Ajás de Tony", lecciones de liderazgo de una sola frase al final de cada capítulo. He tratado de cristalizar cada lección en una oración que Tony podría haber susurrado a su oído y provocar que usted pensara, "Ajá, lo tengo". Durante mi propio proceso de ver el programa y probar lo aprendido en el entorno empresarial, estos ajás se me fueron dando gradualmente. Al principio, pude haber tenido dudas y sospechas sobre algunas de las lecciones de liderazgo inspiradas por Tony, pero con el tiempo, todo tomó su lugar y fui capaz de percibir la forma en que el estilo de Tony podía traducirse a un contexto de desarrollo de liderazgo. Espero que usted aprecie estas pequeñas manifestaciones tanto como yo lo hago.

Finalmente, sería imperdonable si no regresara a un punto anterior sobre la naturaleza del negocio de Tony, en especial en una época en la que la desconfianza del individuo promedio hacia las corporaciones y los líderes es alta. Algunas personas podrían decir que lo último que el mundo de los negocios necesita es un autor que coloque a Tony Soprano como un parangón de virtudes de liderazgo. De hecho, cuando uno de mis buenos amigos supo de mis intenciones a través de mi madre. Su reacción fue, "¿Eso es lo que Debbie está tratando de hacer, convertirnos en pequeños mafiosos?" Claro que no. No condono los actos ilegales, ya sean de pandilleros o de gerentes. Espero que los lectores, como la gente a la que aconsejo y con la que trabajo, sean lo suficientemente sofisticados para darse cuenta de que mi respaldo al estilo de liderazgo de Tony es literalmente sólo eso — apoyo al estilo, no a la sustancia. Cualquiera que tratara de aplicar al pie de la letra los complots y las manipulaciones que Tony usa con frecuencia sería inmediatamente despedido de mi organización. Por otra parte, si usted puede hacer caso omiso de los terribles actos de Tony para ver los métodos y motivaciones que están detrás, podrá aprender mucho sobre el liderazgo. Las esperanzas y temores de Tony, sus sueños y sus demonios, no son muy diferentes a los de cualquier líder. Enfrenta los mismos problemas de cualquier ejecutivo — reclutar y conservar los mejores talentos, decisiones de promociones, oportunidades del mercado global, crisis financieras — pero tiene grandes dotes para manejar estos aspectos con gran habilidad. Tony tiene defectos como cualquier líder y podemos aprender mucho identificando sus debilidades y analizando sus errores. Hace accesible el concepto de liderazgo. El potencial de liderazgo de Tony, como el de muchos ejecutivos de negocios, sólo está limitado por sus fallas en el manejo de sus vulnerabilidades. Con los años, Tony crece como líder porque es más consciente de su lado oscuro. Observándolo luchar para controlar estas debilidades — y algunas veces fracasando en el intento — es tremendamente instructivo. Podemos identificarnos con las luchas internas de Tony para controlar su temperamento exaltado y las tendencias a apabullar a los demás, y mientras más apreciemos aspectos de nosotros mismos en las luchas de Tony, más atención le prestaremos a la forma en que maneja sus defectos.

Sí, este libro es una obra de ficción más que de hechos. Pero, como toda buena ficción, estimula a la audiencia a analizar ideas que nunca antes ha considerado. Nos pide examinar las motivaciones y los métodos de Tony Soprano y al hacerlo, nos recompensa con inspiración y percepción para nuestros esfuerzos.

Como ya se lo habrá imaginado, no quise escribir un libro típico sobre liderazgo. No es que no esté de acuerdo con la teoría del liderazgo. He trabajado casi 20 años en este campo y todo lo que hago y enseño sobre el tema está fundamentado en la teoría. Pero he visto cómo se entrecierran los ojos de la gente cuando lee artículos y libros muy densos en la teoría y poco centrados en la aplicación, y quise que este libro fuera divertido y accesible. Sorprendentemente, quizás, muchas de las estrategias y tácticas de Tony corresponden a la teoría del liderazgo, por lo que los mensajes subyacentes suelen ser similares. Simplemente es más deleitable ver a Tony resolver conflictos que leer un capítulo sobre los fundamentos conceptuales de un enfoque de resolución de conflictos.

En este punto de su carrera, usted probablemente ha tomado en cuenta muchos enfoques y modelos del liderazgo y se ha dicho a sí mismo: La teoría es buena, pero es difícil llevarla a la práctica. Tony Soprano es sólo un pragmático y en las siguientes páginas encontrará ideas de liderazgo sorprendentemente útiles en el difícil e inmisericorde mundo de los negocios.

1

El objetivo estratégico consiste en ganar carretadas de dinero

Si usted desea ser un jefe más eficiente y un líder más efectivo, le conviene mejorar sus habilidades como estratega. La manera más rápida de llegar a la cima de una organización es creando e implantando grandes planes de negocios. Los mismos principios son válidos para la organización de Tony. ¿Alguna vez se ha preguntado por qué Tony es jefe? Otros miembros de su familia pueden ser más inteligentes o más pulidos y sin embargo, Tony fue el elegido y no sólo debido a su tío Junior.

Antes de haber oído sobre este libro, probablemente ya consideraba a Tony como un líder. Es decisivo, carismático y posee sentido común. Pero lo que realmente diferencia a Tony como líder es su agudeza estratégica. No sólo sabe cómo crear un excelente plan de negocios, sino que sabe cómo hacerlo funcionar. Muchas veces, los CEOs y otros ejecutivos son brillantes en establecer visiones del futuro de sus empresas y vendérselas a todos. Sus elocuentes presentaciones de estas estrategias las hacen parecer brillantes. Por desgracia, las estrategias sólo son brillantes superficialmente. Suenan grandiosas, pero simplemente no es posible aplicarlas, contienen errores fatales o no proporcionan las respuestas a los posibles cambios del mercado.

El genio de Tony radica en preparar planes de negocios eminentemente implantables. A diferencia de las estrategias altamente creativas pero muy poco prácticas, los planes de Tony no requieren esfuerzos hercúleos por parte de su gente ni exigen enormes inversiones financieras. En realidad, están diseñados para ser llevados a la práctica por gente común y deben poder eliminar los obstáculos que frenen su efectividad. Tony genera planes de negocios adecuados para los mercados objetivo en el momento apropiado y eso es lo que lo hace un gran líder estratégico.

Si bien Tony es suficientemente listo para no poner sus planes por escrito, me he tomado la libertad de escribir mi interpretación para que usted se dé una idea cabal de sus alcances y solidez:

PANORAMA DEL PLAN DE NEGOCIOS DE LA FAMILIA SOPRANO

Nuestro objetivo general es ganar tanto dinero como nos sea posible con un mínimo de riesgo (evitar la cárcel) a través de un portafolio diversificado de operaciones constituido por negocios legales e ilegales. Se proyecta que nuestras utilidades netas del año sean de $4 millones. Reservaremos $500,000 para posibles honorarios de abogados.

Tenemos una estrategia multifacética enfocada en:

- Garantizar la efectividad de costos de nuestras operaciones actuales (por ejemplo, reducción de gastos en Bada Bing).
- Diversificar nuestro portafolio en varias líneas de negocios (legítimas y no legítimas).
- Aumentar la productividad de nuestra base actual de clientes (por ejemplo, préstamos mayores para jugadores y promover las apuestas en varios deportes en vez de en uno solo.)
- Acelerar el crecimiento adquiriendo nuevos clientes con nuevos mecanismos.
- Acelerar el crecimiento a través de alianzas e inversiones conjuntas.

I. NUESTRAS LÍNEAS DE NEGOCIOS —OPERACIONES ACTUALES

Utilidades legítimas (15%)

- Club desnudista Bada Bing.
- Talent Management y Talent Brokering.
- Barone Sanitation.
- Satriale's Pork Store.

- Garden State Carting .

Construcción (20%)

- Newark Esplanade (obra de $300 millones) — salarios de aviadores (trabajadores que no trabajan).
- Otras obras potenciales pendientes de cotizar en concurso.

Préstamos usureros (20%)

(Nuestros préstamos tienen un interés más alto que los de bancos. Pero si el banco le prestara dinero, ¿para que nos necesitaría a nosotros?).

Juegos de azar (20%)

- Juegos de baraja.
- Juegos de póker para ejecutivos.
- Apuestas con corredores.

Robos y asaltos (10%)

- Secuestro de camiones y robo de las mercancías (tarjetas Pokemon, ropa, electrónica, etc.)
- Robo de automóviles — coches vendidos a nuestros socios de Italia.
- Cajas de seguridad, cajas fuerte y fondos de otros (por ejemplo, el golpe a los colombianos).
- Despojos en obras en construcción (baldosas, cables de fibra óptica, etc.).
- Copias de CDs y películas de estreno.

Extorsiones y protección (incluye impuestos de Hesh y otros) (5%)

- Los sobornos son parte de nuestro trabajo. Puede ser una comisión sobre un contrato o un pago para que un negocio no tenga interrupciones.
- Algunos barrios son peligrosos y los dueños de negocios necesitan protección. También le ofrecemos a nuestros "clientes" protección contra posibles competidores.

Otros mecanismos (10%)

- Falsificación de tarjetas telefónicas.
- Estafas con las casas del HUD (Departamento de casas y desarrollo urbano).
- Estafas con acciones.
- Quiebras (por ejemplo, la Davey's Sporting Goods Store, para lo cual obtuvimos el control de un negocio establecido y usamos su línea de crédito para comprar otros artículos que después se venden por otros medios, mientras que el negocio entra en bancarrota).

Nota: Estoy en contra del tráfico de drogas.

II: RESUMEN DE ANÁLISIS DE FORTALEZAS, OPORTUNIDADES, DEBILIDADES Y AMENAZAS (FODA)

Fortalezas:
- Diversificación.
- Buen flujo de efectivo.

Oportunidades:
- Crecimiento continuo del distrito ribereño de Newark. Puede haber otras oportunidades aquí.
- Una economía débil crea más demanda de tarjetas telefónicas, "artículos descontados", etc.

Debilidades:
- La debilidad de la economía erosiona nuestras operaciones de juegos de azar.
- Habilidades para supervisar el proyecto Esplanade (Ralph es MIA*).

Amenazas:
- Agresividad del FBI. ¿Quién los habrá presionado?
- ¿Está Johnny Sack preparándose para hacer algo importante?
- Junior ha regresado. ¿Qué significa esto para nosotros?

III. NUESTROS CLIENTES

- Inocentes que caen en nuestra redes.
- Jugadores (tanto ocasionales como enviciados).
- Gente que quiere comprar productos de línea a menor precio y que no le importa cómo adquiere el producto.
- Gente que quiere ganar dinero de cualquier manera.
- Hombres en busca de sexo.

IV. NUESTRA COMPETENCIA

- Somos propietarios de nuestra parte de Jersey. Nuestra ventaja competitiva es que somos grandes. Contamos con el capital para mantener nuestra base de clientes.

---

* Iniciales de Missing in Action, esto es, desaparecido en acción (N. de. T.)

- Tenemos un acuerdo de sociedad con un competidor potencial de New York.
- Forjamos alianzas con competidores potenciales (véase la sección más adelante).
- Forjamos alianzas con otros que pueden ayudarnos (congresista Zellman, oficiales policíacos, reverendo James Jr., etc.)

V. NUESTRO PLAN DE MARKETING

- A nuestros clientes actuales continuaremos proporcionándoles juegos de baraja de alto nivel, oportunidades de apuestas, productos de calidad, entretenimiento, protección y acceso rápido a efectivo. Una gran parte de nuestro negocio se promueve oralmente, por lo que el servicio es importante para nosotros. Por ejemplo, el Bada Bing es conocido por tener las mejores y más curvilíneas bailarinas. También son muy amables con los clientes. Ganamos nuestro dinero por medio de clientes leales y repetitivos.
- Buscaremos nuevos clientes a través de relaciones. ¿Quién puede traernos a otro jugador empedernido? ¿A quién conocemos que necesite dinero o con quien no hayamos contado antes? Buscamos proactivamente nuevos clientes para préstamos. Si creemos que un cliente puede endeudarse un poco más, se lo sugerimos sutilmente. También somos agresivos en la búsqueda de negocios que necesiten protección. Cuando se abre un nuevo negocio, uno de los nuestros es siempre el primero en visitarlo.
- Una de nuestras características distintivas es controlar bien nuestras operaciones. Somos agresivos en la cobranza de las deudas vencidas. Somos conocidos por no aceptar excusas ni retrasos, incluso de nuestros amigos. Ahí es donde interviene Furio. Traído de Italia, es el ejecutor. El rumor en las calles es que nadie quiere verlo llamando a su puerta. Sin embargo, somos flexibles para aceptar otras alternativas de pago. Por ejemplo, si alguien no puede pagar, le quitamos su negocio y haremos lo que llamamos una "liquidación". No es agradable, pero es mejor que no hacer nada.
- Buscamos alianzas activamente. No importa la raza ni el origen. Tenemos alianzas con judíos, rusos, nuestra familia ampliada en Italia e incluso con indios americanos. Lo único que importa es que sean

confiables. En cuanto a nosotros, nuestros aliados confían en que cumplimos los acuerdos. No traicionamos a nadie.

- Buscamos crecer desarrollando nuevos planes. Nuestro objetivo es desarrollar un nuevo esquema cada dos meses. Tenemos una red de relaciones y personas con las que podemos contar de un momento a otro para que los esquemas funcionen. Cuando tenemos un nuevo negocio, primero lo describimos para nosotros mismos, identificamos con quién nos conviene asociarnos, trabajamos nuestra red de relaciones para establecerlo y entonces lanzamos la idea. Después ya estamos listos. El equipo es activo y práctico y monitoreamos el esquema para asegurarnos de su éxito, en especial al principio. Las personas con las que nos asociamos en estos acuerdos saben que jugaremos limpio, ejecutaremos los planes sin fallas y les entregaremos sus ganancias justas. También mantenemos la boca cerrada y no ponemos en peligro nuestras posiciones.

VI. PLAN OPERATIVO

Ejecutaremos nuestros planes a través de nuestros equipos liderados por nuestros capitanes. Cada grupo tiene un territorio claramente definido, así como la responsabilidad de un área de negocios. Las operaciones se coordinan a través de los capos.

Nuestra base de operaciones está situada en el Bada Bing, pero con frecuencia estamos en la Satriale's Pork Store y algunas veces en el Crazy Horse.

Nuestro método primario de operación es el músculo. Se dice de nosotros que contamos con el mejor músculo en un área triestatal.

VII. RESPONSABILIDAD SOCIAL

Nuestra familia siempre ha sentido que darle a la comunidad es un propósito importante y admirable. Cada año hacemos una fiesta de Navidad para los niños menos afortunados del área. Nuestro Santa Claus (solía ser Pussy — que en paz descanse) entrega regalos (realmente los compramos).

También hacemos nuestra parte para proteger nuestra herencia y nuestro buen nombre. Por ejemplo, nos asociamos con la tribu india Mohawk para organizar el apoyo de proteger el buen nombre de Cristóbal Colón.

VIII. CONTROLES Y JERARQUÍAS

Tenemos un control financiero riguroso: Los capos y Patsy controlan todo el dinero de entrada y salida. Si alguien se desvía de la línea, responderá ante Tony.

IX. EQUIPO DE ALTA GERENCIA

- CEO — Corrado "Junior" Soprano (jefe sólo de nombre).
- Subjefe — Tony Soprano (es quien en realidad manda).
- Consigliere — Silvio Dante.
- Capo — Paulie Walnuts.
- Contador — Patsy Parisi.

LOS SECRETOS DE LA BRILLANTEZ ESTRATÉGICA DE TONY

Concedo que usted no puede crear una estrategia para entrar a un negocio muy lucrativo pero ilegal. Sin embargo, si es posible adoptar elementos de la estrategia de Tony, considerando que deben demostrar ser efectivos en cualquier negocio. Veamos los elementos clave del plan.

Mantenga su mente en el dinero

Es muy fácil que los ejecutivos de negocios — en especial los de grandes organizaciones — olviden en sus estrategias la necesidad de generar utilidades. Aislados de las operaciones cotidianas, esos ejecutivos suelen quedar atrapados en un pensamiento estratégico de "alto nivel", creando planes de negocios elegantes que podrían obtener la calificación máxima en una escuela pero que no proporcionan ingresos inmediatos. Cierto es que comprenden la importancia de lograr utilidades, pero justifican sus estrategias ante ellos mismos y los demás hablando de utilidades a largo plazo y meter el pie en la puerta de un mercado emergente. Todo esto está bien, pero, como bien lo sabe Tony, si no cumple con los objetivos diarios, alguien le apretará las tuercas.

TONY Y LA IMPORTANCIA DE BUENOS MÁRGENES

"Sil dirige el club desnudista más rentable de North Jersey"

La filosofía estratégica de Tony consiste en pensar constantemente en nuevas maneras de ganar dinero. Como parte de su filosofía, Tony se centra en maximizar la capacidad de consumo de su base de clientes. En otras palabras, siempre está buscando un enfoque sagaz para capitalizar la codicia y otros deseos básicos de la raza humana. Tony alienta a todos sus hombres a responsabilizarse de desarrollar nuevas maneras de ganarse un dólar. Esto no siempre tiene que partir de una idea grandiosa. Pueden ser ideas pequeñas de unos cuantos miles de dólares. El conjunto es lo que importa.

La cultura de la cuadrilla de Tony es que el trabajo de cada uno consiste en idear maneras de ganar dinero. En muchas empresas de la actualidad, esto suele ser el trabajo de un puñado de personas en el grupo de nuevos negocios. No hace mucho, un líder experimentado de una empresa de artículos empacados me contó que estaba hablando con su gente sobre una nueva estrategia y uno de sus subordinados directos expresó que tenían necesidad de gastar tiempo en discutir opciones estratégicas, puesto que su equipo de nuevos negocios lo haría. De inmediato, el líder explicó que los nuevos negocios son responsabilidad de todos, pero que era obvio que no debía ser la forma de pensar ni de dicho subordinado ni de otros miembros de la empresa. Con frecuencia, fuera de un grupo pequeño, no se motiva ni se recompensa el pensamiento estratégico. También es muy significativo que los gerentes se quejen de no tener tiempo para pensar creativamente en cosas que resulten en estrategias viables.

Si usted quiere incrementar el criterio monetarista de su grupo, intente aplicar las siguientes técnicas del estilo Tony:

Hable constantemente de la necesidad de ideas frescas. Las ideas frescas pueden llevar a nuevos negocios provechosos. Haga un esfuerzo concertado para hablar de este tema en reuniones formales, así como en sus conversaciones informales.

Recompense a su gente. Merecen reconocimientos, no sólo por generar estrategias exitosas, sino también por tener como prioridad pensar estratégicamente. Use desde elogios en las evaluaciones de desempeño hasta incentivos monetarios para demostrar su deseo de obtener más planes y conceptos generadores de dinero; haga que el criterio de ganar dinero sea parte de su cultura, de tal manera que la gente se despierte pensando en nuevos clientes y nuevos negocios.

Sea un modelo de pensar en el dinero. En otras palabras, aplique sus propias ideas de negocios provechosos. Vea la forma en que a Tony le brillan los ojos cuando piensa en un esquema y escuche el entusiasmo con que lo presenta. Incluso si no es viable, es evidente que las ideas para ganar dinero son un deleite para él y su entusiasmo es infeccioso.

Explote la necesidad más apremiante del cliente

La estrategia de Tony gira alrededor de las necesidades apremiantes de su base de clientes. Para la perspectiva estratégica, es irrelevante que se enfoque en clientes con necesidades más profundas que la mayoría de nosotros. Tony se toma su tiempo para conocer y conversar con sus clientes, así como para hablar con su gente sobre su interacción con los clientes. Ésta es la versión de Tony de los grupos de enfoque y las investigaciones de mercado. Presta atención detallada a los cambios sutiles de requerimientos de los clientes, tratando siempre de ir un paso delante de la competencia para mantenerse en la cima. Busca las necesidades insatisfechas de sus clientes y cuando las encuentra, planea con gran celeridad una estrategia para capitalizarlas. El enfoque en los clientes como base de las iniciativas de calidad total/mejora de procesos/centros de atención, tendría mucha lógica para Tony.

TONY Y LA SATISFACCIÓN DE LAS NECESIDADES DEL CLIENTE

"La basura es nuestro pan de cada día"

Por ejemplo, Tony analizó astutamente el mercado de inmigrantes y determinó que una necesidad insatisfecha era la de tarifas telefónicas más bajas, para poder llamar a las familias en la madre patria con mayor frecuencia. Como resultado, ideó un fraude de tarjetas telefónicas pensando en los inmigrantes del área de la ciudad de Nueva York. En forma similar, Tony reconoció la existencia de un mercado para ropa de diseñadores que "Se cayeran del camión". Vio una necesidad insatisfecha de etiquetas de diseñador y también la capitalizó. Tony explota mercados en los que los clientes están muy motivados a comprar y este principio estratégico básico suele resultar en ventas rápidas y voluminosas.

Para desarrollar este enfoque de motivación del cliente, considere la adopción de las siguientes tácticas.

Analice sus mercados tradicionales en forma poco ortodoxa. Ciertamente, Tony no fue el primero en centrarse en los mercados de inmigrantes y de etiquetas de diseñadores. Sin embargo, analizó estos mercados bajo una perspectiva diferente. Como un buen mercadólogo de nichos, evitó los segmentos saturados y se concentró en los poco explotados. En vez de atacar el mercado de frente, gírelo en su mente para tener una perspectiva fresca. Esto implica evitar el enfoque de los clientes comunes para buscar un segmento pequeño de necesidades insatisfechas. Si todo mundo está vendiendo con base en el precio a un cierto grupo, quizás signifique que usted deberá satisfacer los deseos de calidad del segmento.

Conozca a sus clientes por sus nombres. La gente siempre ha hablado de la necesidad de conocer mejor a los clientes, pero todavía es relativamente raro que los altos ejecutivos interactúen con sus clientes actuales y prospectos de clientes. Esto significa pasarse un tiempo en las tiendas y en línea, hacer preguntas a la gente y contestar sus interrogantes. Significa algo más que participar en una sesión de un grupo de enfoque. Eso está bien, pero es necesario dialogar con el cliente si quiere llegar a manejar las necesidades insatisfechas con el tipo de estrategias para las cuales Tony es tan hábil. Tony no duda en pedirle retroalimentación a sus clientes o plantearles preguntas difíciles; realmente quiere saber qué están pensando. Conocer al cliente por su nombre implica saber qué está pasando por su mente y no sólo lo que está ocurriendo en el negocio.

Sea observador. Tony lo ve todo. Al menos, es lo que parece. Está constantemente estudiando situaciones y personas, buscando puntos de entrada y ventajas. Demasiados líderes adquieren la mayor parte de su información de segunda mano. Al estar constantemente observando y prestando atención a todo lo que sucede a su alrededor, podrá tener acceso a datos de primera mano.

Enfatice sutilmente los nuevos negocios sobre los viejos

Es un equilibrio delicado sostener y actualizar lo viejo mientras se cruzan nuevas fronteras. Mientras algunas compañías yerran al enfocarse demasiado en lo nuevo — Procter & Gamble se metió en problemas debido a que descuidó dotar de recursos adecuados a las marcas existentes — la tendencia se basa en nutrir a los ganadores establecidos en vez de explorar oportunidades un tanto inciertas. Tony es poseedor de una gran verdad del liderazgo en el siglo XXI: Si desea hacer algo más que mantener su participación de mercado, necesita explorar constantemente nuevas oportunidades de negocios. A través de reingeniería de procesos, Six Sigma, reducción de personal y una diversidad de otros procedimientos, muchas empresas han exprimido ya el máximo posible de sus operaciones. Han manejado su cadena de suministro tan bien como les ha sido posible para obtener ahorros y han logrado un máximo de reducción de costos a través de la integración. Si desean que sus compañías crezcan, los nuevos negocios son la respuesta.

El enfoque de Tony — asumiendo muchos pero aceptables riesgos para crear nuevas y exitosas operaciones — concuerda con las realidades del mercado de principios del siglo XXI. En una era de incertidumbre y cambios rápidos, no tiene sentido apostar a un solo número de la ruleta. Si usted intenta establecer diez nuevos negocios al año y sólo cristaliza la mitad, estará ganando el juego. Tony parece pensar en un nuevo esquema por episodio y aunque algunos de ellos nunca prosperan, son bastantes los que funcionan para mantener sus utilidades altas y sus pérdidas bajas.

Para adoptar esta estrategia de nuevos negocios, aplique las siguientes tácticas.

Comprométase a generar cuando menos una idea de nuevo negocio por semana. Obviamente, no todas estas ideas resultarán en negocios reales, pero el compromiso de generar ideas modificará su pensamiento estratégico para pasar de la preservación a la creación. Para facilitar este proceso, piense en pequeño y de manera creativa en vez de pensar en grande e imitar. Como Tony, busque nichos de mercado. Concéntrese en segmentos de mercado que sus competidores puedan haber considerado demasiado pequeños. ¿Posee su empresa recursos que puedan usarse para crear con rapidez un nuevo producto o servicio con un costo relativamente bajo?

Formalice reuniones periódicas de nuevos negocios. Convierta estas reuniones en parte de su rutina. Estas reuniones formales le comunican al personal que usted considera este tema con gran seriedad y desea que todos participen en el proceso. No obstante, es crítico que actúe sobre algunas de las ideas surgidas en estas reuniones y recompense a los proponentes. Si todo es hablar, su gente se dará cuenta muy pronto y dedicará poca energía o creatividad a desarrollar conceptos de nuevos negocios. Asegúrese de escoger las mejores ideas y llevarlas a las siguientes etapas — fondeo, desarrollo del plan e implantación — para demostrar su compromiso.

Como Jack (y Tony), sea ágil y rápido. Tony inicia nuevos negocios con gran alharaca y alboroto. Aunque tiene la ventaja de mayor poder y control que muchos CEOs, así como una organización más compacta, su habilidad para evitar las reuniones y procesos de aprobación de gran duración, es algo que muchos líderes deberían emular. No estoy sugiriendo ignorar los protocolos organizacionales, sino aprender a trabajar dentro del sistema para que las nuevas ideas sean lanzadas antes que se conviertan en ideas viejas y obsoletas. Hasta cierto grado, esto significa astucia política, contar con las conexiones apropiadas y asumir algunos riesgos. Si usted quiere ser ágil y rápido para lanzar nuevos productos y servicios, estas habilidades son una necesidad.

Aproveche sus relaciones y redes

Todos los negocios de Tony se realizan por medio de relaciones. Para Tony, se trata de quién conoce a quién y cómo aprovechar dichos contactos para lograr lo que desea de la persona adecuada. Tony es deliberado y calculador sobre sus relaciones. Mantiene contactos políticos, policíacos y empresariales, independientemente de conceptos de raza, religión e incluso género (la adorable Annalisa en Nápoles). Trabaja concediendo favores, reciprocidades y dinero en efectivo.

Puesto que mucho depende de estas relaciones, Tony las protege como las joyas preciosas que son. Por ejemplo, hace su lavado de dinero por medio del ruso Slava. Cuando Christopher y Paulie se vuelven demasiado físicos con Valery, amigo de Slava, Tony les deja claro que las consecuencias serán problema de ellos. No quiere que se le relacione con el ataque a Valery, pues podría dañar su relación con Slava. La ferocidad con la que Tony protege a sus relaciones y redes demuestra cuán esenciales son para su estrategia.

Si bien los líderes corporativos valoran las relaciones y las redes, no siempre las consideran como herramientas estratégicas, tal como lo hace Tony. Para muchos líderes, dichas relaciones son tangenciales a sus estrategias, es bueno tenerlas pero no son tan importantes como las ideas básicas de las propias estrategias. Con esta actitud tradicional, las relaciones son útiles como apoyo de las iniciativas estratégicas. De acuerdo con Tony, es lo que hace que las iniciativas triunfen o fracasen.

En cualquier negocio global, los líderes aprenden a cultivar relaciones y conectarse con redes para alcanzar sus objetivos estratégicos. Por ejemplo, una organización buscaba adquirir una empresa mediana o pequeña en China, pero se estaba enfocando en un grupo de compañías pertenecientes a una familia que no estaba interesada en vender. Esta organización estadounidense supo que no podía lograr su objetivo estratégico simplemente ofreciendo mucho dinero o haciendo presentaciones convincentes. Descubrió que el primer paso, y el más importante, para trabajar su red de relaciones consistía en ponerse en contacto con la gente adecuada del grupo de empresas chinas. Sólo a través de esta red tuvo la empresa la oportunidad de iniciar un diálogo productivo con el ejecutivo de una de las compañías de la familia. Contrariamente a sus experiencias previas, la organización determinó que tenía que cultivar relaciones más que hacer ofertas para lograr su propósito.

Para aprovechar las relaciones y redes, intente lo siguiente.

No menosprecie las redes poco tradicionales o las personas poco probables. Todos tenemos prejuicios y preferencias en estas áreas y lo mismo sucede con Tony. Sin embargo, él hace caso omiso por razones de negocios muy pragmáticas. Usted puede no sentirse cómodo con empresas pequeñas que son apenas una fracción de su tamaño o con emprendedores no muy profesionales. Quizás le incomoda lidiar con personas de otro país. Si es así, usted estará deslindándose de gente que podría ser crítica para el éxito de su estrategia. En un mundo global e interdependiente, las organizaciones necesitan forjar alianzas con individuos y grupos que en el pasado nunca hubieran sido tomados en cuenta. Sea de mentalidad abierta al evaluar los prospectos de contactos y socios. Incluso las compañías pequeñas pueden aportar una gran cantidad de conocimientos y experiencia.

Actúe como un formador de redes más que como delegador. Tony sabe cómo operar en una reunión y presionar. Podría simplemente sentarse en su oficina y dar órdenes "a la Junior" a los otros jefes, pero sabe que, mientras más fuertes sean sus relaciones, mejor será su posición para lograr sus metas. Cierto es que no todo mundo tiene este tipo de habilidad, pero no se requiere un enorme esfuerzo para simplemente ser proactivo en entablar relaciones con una gran diversidad de individuos. Cuando usted considera cualquier exhibición comercial, presentación social o función de caridad como una oportunidad para formar redes, estará estableciendo relaciones útiles para sus necesidades estratégicas. Sé de un ejecutivo que hace una lista de todas las personas que desea conocer antes de asistir a un evento o conferencia, visualizando con exactitud con quiénes debe hablar, con lo cual aumenta las posibilidades de realmente lograr hablar con ellos. Al encontrar a uno, metódicamente verifica que esté en su lista de asistentes.

Busque alianzas y negocios conjuntos con aquellos que compartan sus objetivos y valores

Más de un ejecutivo me ha dicho que la formación de redes les produce incomodidad, en parte porque se sienten como un vendedor que explota todos sus contactos. Sin embargo, es importante recordar que no se crean relaciones con cualquiera. No tiene sentido formar sociedades con gente falta de ética o que tiene diferentes creencias y valores sobre los negocios. Si bien Tony no se limita en su búsqueda de alianzas, generalmente las hace con quienes comparten sus objetivos y valores de negocios de confianza y lealtad. Pueden ser muy diferentes a él en términos de antecedentes y estilo de negocios, pero sus objetivos y valores comunes solidifican la relación.

Tony es bueno para identificar las brechas — la diferencia entre los recursos de su grupo y los requerimientos para alcanzar su objetivo — y crear alianzas para cerrarlas. Por ejemplo, cuando había inquietud con el sindicato de ensambladores de ropa, bien podría haber forzado una solución pero, en cambio, buscó "asociarse" con el Reverendo James Jr., para minimizar la violencia y disminuir así los riesgos. El Reverendo James Jr. compartía los objetivos y valores de Tony y tenía sentido ayudarlo, aunque ambos fueran polos opuestos en ciertos aspectos.

Para buscar alianzas orientadas a objetivos y valores, se puede proceder como sigue.

Sea abierto con sus objetivos en una alianza. Con demasiada frecuencia, los ejecutivos no muestran todas sus cartas a sus asociados —en especial cuando éstos son competidores o proveedores y temen revelar "secretos del negocio". Como resultado, las dos partes forman una alianza con diferentes expectativas de resultados. Invariablemente, la alianza fracasa a causa de estas diferencias.

Comunique sus objetivos desde el principio con gran claridad. Explique con exactitud lo que busca obtener de la colaboración y asegúrese de comprender los deseos de su prospecto de aliado. Si ambos están en la misma sintonía, una asociación tiene sentido.

Analice los valores de su posible aliado con respecto a los suyos. Se trata de una medición más difícil que la de los objetivos, pues los valores tienden a ser menos tangibles. Aun así, incluso si usted sabía muy poco de su posible aliado hasta hace poco, unas cuantas conversaciones pueden darle una idea de qué es importante para él en términos de confianza, lealtad, honestidad, rendición de cuentas y diligencia. Sería muy conveniente que usted poseyera la percepción tipo láser de Tony y fuera capaz de discernir con rapidez si alguien comparte sus valores. Sin embargo, la mayor parte de las personas tiene que hablar de los mecanismos de una posible relación de negocios para determinar cuáles son los valores de la otra persona. ¿Está dispuesto a cortar esquinas? ¿Le da valor a la rapidez más que a la calidad de los resultados y otros atributos? ¿Es tan cauto que se mueve con gran lentitud, mientras que usted está dispuesto a asumir ciertos riesgos para capitalizar las oportunidades? ¿Existe una gran brecha entre los valores de ambos que hará imposible construir una buena relación?

Centre sus esfuerzos en la ejecución

A pesar del excelente criterio estratégico de Tony, su ejecución es mejor aún. Éste es el aspecto donde más fallan los líderes y sus empresas. Quizás gasten tiempo y dinero desarrollando estratégicas sólidas, pero no prestan atención a los detalles necesarios para una ejecución efectiva. En su esquema cibernauta, Tony determinó cómo obtener la licencia de corredor de bolsa, estableció una operación a través de un corredor legítimo y asignó a Christopher la supervisión de los dos "corredores", Matt y Sean. Tony se aseguró de contar con los recursos necesarios y la supervisión adecuada para garantizar que el mecanismo funcionara apropiadamente. De manera similar, en el negocio de la HUD, elaboró su plan, identificó el talento necesario para llevarlo a cabo y después dividió la supervisión entre él mismo y Ralph para asegurarse que el plan se desarrollara tal como lo había ideado. Tony llegó incluso a echarle un vistazo a las casas adquiridas como parte del plan. Cuando descubrió que una de las edificaciones era un centro de drogadicción, se apoyó en el congresista para asegurarse que fuera "limpiada". Tony reconoció que la edificación podría constituir un obstáculo y sus esfuerzos lo eliminaron.

TONY Y LA EVALUACIÓN DEL IMPACTO DE LA EJECUCIÓN DE UNA ESTRATEGIA

"¿Qué logro si elimino a Carmine?"

Tony imparte órdenes, pero no limita su participación a este aspecto. En muchos casos se involucra personalmente para asegurarse de poder ayudar a otros a lograr los resultados deseados. Sabe que el diablo está en los detalles. Muchos ejecutivos piensan en la ejecución como algo que está "por debajo de ellos". Consideran que el desarrollo de una estrategia es algo digno de sus esfuerzos, pero que los detalles molestos de su implantación son un asunto mundano. Pueden ser grandes planificadores, pero su reputación es de malos estrategas, debido a que algo siempre parece salir mal en el camino de la idea a la ejecución.

Para asegurarse que su ejecución sea tan sólida como sus ideas estratégicas, deberá hacer lo siguiente.

Involúcrese en algún aspecto del proceso de aplicación. Sea realista; no tendrá tiempo de visitar su versión de un centro de drogadicción. Si está aplicando una estrategia importante, ésta puede abarcar un amplio territorio geográfico e implicar a cientos o incluso miles de personas. Aun así, sin importar cuán masiva sea una iniciativa estratégica, podrá involucrarse personalmente en algún aspecto de la misma. Ya sea un viaje con su agente de compras para supervisar la selección de un cierto material o conectarse en línea acompañado de su gerente de sistemas de información (GSI) para probar un nuevo software, puede obtener una impresión de primera mano de la forma en que aparece su idea en el campo. Es siempre un proceso revelador para el estratega, porque conoce la estrategia mejor que nadie y tiene más probabilidades de discernir las fallas antes que nadie o percibir la necesidad de ajustar un proceso. Por consiguiente, asegúrese de tener alguna responsabilidad en la implantación.

Sea brutalmente honesto en su evaluación de qué se necesita para que las cosas sucedan. No se engañe pensando que tiene los recursos requeridos o el tiempo necesario para cumplir las fechas. Con demasiada frecuencia, los estrategas están tan ensimismados en su visión que se autoconvencen que la estrategia funcionará simplemente por acción de la fuerza de voluntad. Este entusiasmo e idealismo es útil para generar la estrategia, pero puede resultar contraproducente una vez que ésta ha sido terminada y necesita cultivarse. Los atrasos, la falta de fondos y los recursos humanos pueden descarrilar las mejores estrategias y usted necesita enfrentar estas dificultades tan pronto como sea posible. Es difícil admitir que se carece de lo necesario para que funcione una estrategia, pero si actúa como Tony, tendrá que aplicar su poder o su encanto para conjuntar los recursos antes de proceder a la ejecución.

Diversifique sus corrientes de ingreso

Cuando Tony se resistía a otorgarle a Carmine y Johnny Sack una parte de su negocio HUD, New York suspendió el proyecto Esplanade antes que se resolviera el conflicto. Como Tony estaba diversificado en sus negocios y Johnny Sack no, Tony pudo esperar a que Carmine y Johnny estuvieran dispuestos a negociar una participación baja, tal como lo consideraba apropiado. Sus otras operaciones continuaron generándole fondos y constituyeron un colchón que los otros no tenían. En muchos aspectos, esto es similar a algunas organizaciones que se han diversificado en mercados extranjeros, de acuerdo a la teoría de que las ventas en un país compensarán el declive en otro.

Desde un punto de vista estratégico, a algunos ejecutivos no les gusta diversificar sus corrientes de ingresos cuando una de ellas ha estado fluyendo muy bien durante un tiempo. En el pasado, esto pudo haber tenido sentido. No obstante, en la actualidad hay tanta volatilidad que la diversificación de ingresos es crítica para casi todas las operaciones. Por consiguiente, le conviene hacer lo siguiente.

Explore sus opciones de diversificación. Claro está, esto es más fácil de decir que de hacer, pero los líderes tienen la responsabilidad de cuando menos investigar alternativas de ingresos. Se trata de un objetivo a largo plazo, pero los líderes astutos como Tony saben que se vuelven vulnerables cuando se centran en una sola opción. Sin importar cuán buena sea esta fuente de ingresos, las probabilidades son que no continuará siendo igual de buena indefinidamente.

NO ES UN ESTRATEGA COMÚN

Al revisar estas recomendaciones estratégicas, probablemente pensará que es muy fácil para alguien como Tony diversificar sus flujos de ingresos, formar alianzas con personas de valores afines y conservar un criterio monetarista. Es cierto que el individuo que trabaja para un negocio privado pequeño y posee un gran poder, tendrá más facilidades para planear este tipo de acciones estratégicas. Al mismo tiempo, sin embargo, no estoy sugiriendo que imite a Tony, sino que se inspire en él. Demasiados líderes se basan en estrategias de libros de texto y los tiempos actuales no son de libro de texto. Mi esperanza es que Tony le inspire a aprovechar sus redes en vez de aventurarse solo o centrar sus esfuerzos en nuevos negocios sin depender totalmente de los generadores de efectivo. Como no puede contratar a alguien como Tony como consultor — una posibilidad interesante — le doy un consejo estilo Soprano para ayudarlo a adherirse al enfoque de Tony para construir y expandir su negocio.

> AJÁ ESTRATÉGICO DE TONY
>
> Vayas tras el dinero, pero cuide sus espaldas.

2

Carisma

Más que una corbata llamativa y un habano barato

Desde quien fue jefe de la organización General Electric, Jack Welch hasta el expresidente Bill Clinton, ciertos líderes parecen poseer una cualidad mágica muy útil para ellos y sus organizaciones. Exagera sus fortalezas y minimiza sus debilidades, rodeándolos de un aura que se convierte en una especie de escudo protector. Más que eso, su carisma atrae a la gente hacia ellos y genera instantáneamente respeto y lealtad. Tony Soprano tiene carisma a raudales.

¿Por qué? ¿Qué hace Tony para poseer ese carisma? Específicamente, ¿qué puede hacer usted para generarlo? Si bien probablemente usted no se convertirá en una personalidad magnética con el simple hecho de estudiar las acciones de Tony, sí podrá crear un estilo basado en su ejemplo que le será muy útil como líder. Podrá aprender a tener "presencia"; la habilidad para atraer la atención al hablar o incluso cuando entre a un cuarto. Esta presencia ampliará todas sus habilidades de liderazgo. Para desarrollarla, necesitamos comprender qué hace a Tony tan carismático.

FORTALEZA INTERNA Y FIRMEZA EXTERNA

Desde el primer momento de la existencia televisiva de Tony, sentado en la oficina de la Dra. Melfi, usted se siente atraído hacia él. Percibe de inmediato la existencia de algo diferente en este hombre, tanto en términos de fortaleza física como de carácter. Llena la habitación y la gente lo percibe de inmediato. Aunque su grueso habano avienta humo a las caras de todos, nadie se atrevería a pedirle a Tony que se fuera a fumar a otra parte. Aunque Tony es un hombre grande, en la mafia ésta no es la única razón por la que la gente lo nota y lo respeta. Es el estilo con el que actúa, la forma en que exterioriza su fuego interno y su inteligencia emocional. Logra proyectar su fuerza y pasiones de una manera clara y convincente.

TONY Y EL ANÁLISIS DE UNA AMENAZA COMPETITIVA

"Richie no tiene los tamaños para actuar en mi contra"

Sus cualidades internas emergen de varias maneras: el destello de sus ojos cuando algo le parece divertido, la profunda mirada comprensiva al expresar empatía, el lenguaje corporal agresivo cuando está enojado y la forma de hablar cortante y altisonante si está enfatizando algo. Tony no hace todo esto conscientemente. Es un raro líder "natural", capaz de proyectar su yo auténtico con gran convicción y poder. La personalidad auténtica de Tony es contradictoria. Tal como lo sugiere esta lista de cualidades internas, puede ser duro y blando, brutal y amable, ignorante y perceptivo.

La mayor parte de las personas ocultan cómo son y esto impide que surja la fortaleza total de su carácter. La mayoría de los individuos con estos impulsos contradictorios trata de anular uno o ambos polos de su personalidad. Si están en una posición de liderazgo, pueden no querer parecer demasiado empáticos, por temor a que alguien se aproveche de ellos. Pueden también no querer ser demasiado abiertos o energéticos para no desalentar a la gente.

Sin embargo, Tony abarca estas contradicciones. Es maduro e infantil, fuerte y sensible, abierto y prejuiciado. La imagen de su persona caminando por la entrada de su cochera con una bata raída, sin afeitar y viéndose sucio, no parece coincidir con el hombre que peleó con dos matones a mano limpia. El hombre que lloró cuando los patos volaron hacia el sur huyendo del invierno no concuerda con el individuo que casi mató a golpes a un jugador en el estacionamiento de su oficina. Tony tiene un aire de intriga debido a estas contradicciones y la gente siente que es alguien especial debido a ello.

No estoy sugiriendo que usted desarrolle un estilo contradictorio. Sin embargo, sí puede permitir que surja lo que usted es y en lo que cree. El diccionario define el carisma como esa cualidad especial que le proporciona a una persona influencia, encanto o inspiración sobre grandes números de individuos. Si usted aprende a comunicar esta cualidad especial a los demás — como algo opuesto a "actuar" como líder — podrá desarrollar un cierto grado de influencia, encanto e inspiración. Esto no significa que todas las cabezas voltearán hacia usted cuando entre en una habitación, ni que se convertirá en una celebridad entre ejecutivos apareciendo con frecuencia en las portadas de las revistas de negocios. Lo que significa es que podrá trabajar en el desarrollo de una autenticidad como líder que ampliará sus horizontes y su efectividad.

QUÉ SE PUEDE APRENDER DE LOS MÉTODOS CARISMÁTICOS DE TONY

Es obvio que sería absurdo que comenzara a actuar como Tony, en especial si su estilo tiene poco en común con el suyo. Si usted es un ejecutivo de buen temperamento e igualitario y se transformara en una persona beligerante y mercurial, nadie lo creería. No tendría más carisma que el barbero de Tony.

Sin embargo, sí puede aprender mucho sobre cómo crear su propio carisma analizando la forma de actuación de Tony. Examinemos los cuatro componentes de su carisma y cómo aprovecharlos al máximo:

1. Creencias y valores firmes con respecto al trabajo y a "lo nuestro".
2. Confianza en sí mismo y competencia, balanceados con autenticidad.
3. Fortaleza y percepción de invencibilidad.
4. Comodidad con el poder.

Creencias y valores firmes con respecto al trabajo y a "lo nuestro"

Aun cuando está involucrado en actividades ilegales y básicamente inmorales, Tony no sólo justifica sus acciones, sino que también se enorgullece de ellas y las considera "lo nuestro" para un propósito elevado. Durante las discusiones de Tony con la Dra. Melfi, su convicción de lo correcto de su trabajo resulta evidente. Ella lo desafía frecuentemente con respecto a su negocio y sus razones para actuar como criminal. Su respuesta demuestra de inmediato que considera lo que hace en un contexto más amplio que la mayoría de la gente, que lo ve como algo noble e incluso heroico. Le contó a la Dra. Melfi de los inmigrantes italianos que "tomaban lo que querían". Incluso le dijo que los inmigrantes "...no eran educados como los estadounidenses. Pero tuvimos las agallas para apoderarnos de lo que queríamos". También habló de que J. P. Morgan y otros banqueros son los verdaderos maleantes.

Si Tony no tuviera una firme creencia en lo que hace para ganarse la vida y no valorara su trabajo, su magnetismo disminuiría. Contempla a la familia Soprano como parte de un plan más grande y con un propósito más elevado que sólo ganar dinero. Formar una familia cohesiva basada en confianza y lealtad es la base de la ideología de Tony. Tony engendra tanto respeto de su gente debido a su inquebrantable fe en estos valores más altos.

Por ejemplo, cuando Christopher se relaciona con escritores de Hollywood y es atraído a su mundo y separado de su familia, Tony percibe que Christopher está olvidando cuál es su verdadera familia y lo que representa. En una fiesta en la casa de Tony, se dirige a Christopher y le dice que si no regresa en diez minutos, no deberá regresar nunca, añadiendo que, si regresa, supondrá "que no tienes otro deseo que no sea estar conmigo y que tus acciones me lo demostrarán cada día". Esta frase basada en creencias firmes es más carismática que si le hubiera dicho, "Más te vale regresar en diez minutos. Si lo haces, estará bien, las cosas estarán bien".

En la ceremonia en la que Christopher se convierte en un miembro pleno de la pandilla, Tony aclara muy bien que, de ahí en adelante, la lealtad de Christopher es para con la familia. Todo y todos los demás resultan secundarios. Transmite que lo importante para él — y que debe ser muy importante para Christopher — es el código de honor, la familia y la lealtad. De esta manera, Tony es un hombre devoto, pero su religión es su familia criminal y la tradición y creencias que traen consigo.

Cuando Tony se molesta con Ralph por haber matado a Tracee, una desnudista, no es sólo porque Ralph haya hecho algo estúpido. A los ojos de Tony, Ralph violó el código familiar. Mató sin un propósito. Asesinar a alguien — especialmente una mujer — sin tener razones, es considerado por Tony una falta de respeto no sólo para él, sino también para la organización y sus valores. La antipatía de Tony hacia Ralph no es tanto porque sea un asesino, sino porque asesina despreciando los valores compartidos de la familia.

Tony comunica de 100 diferentes maneras su firme creencia en estos valores. Para la mayor parte de su grupo, la naturaleza devota de Tony es inspiradora. Es como un líder religioso, pues cree con más fervor y conoce las creencias mejor que cualquiera otro. Ha penetrado en la esencia de lo que es la familia y esto lo eleva a sus ojos. Aunque la comparación puede ser exagerada, Tony y el Dr. Martin Luther King Jr. comparten la misma elocuencia y pasión por sus "causas". El que la causa del Dr. King fuera significativamente más noble que la de Tony no está a discusión. Pero ambos reconocen que si un líder no cree completamente en lo que está haciendo, no puede esperar que los demás sí crean y lo sigan.

Suponiendo que usted tenga firmes creencias y valores relacionados con su organización y el trabajo que realiza, necesita comunicarlo con consistencia, claridad y convicción. Las siguientes son algunas formas que usted puede utilizar para adquirir el carisma de Tony como líder:

- Escriba una descripción de lo que usted quiere representar como líder. ¿Por qué deben seguirlo sus subordinados? ¿Está dispuesto a ayudar a su gente a crecer y desarrollarse? ¿Cree que los líderes deben dirigir con cantidades iguales de compasión y autoridad? ¿Cuáles son sus pasiones organizacionales; en su tradición, en su cultura y en su enfoque a los negocios, que usted desea sostener y transferir a los demás?
- Liste tres maneras en las que pueda traducir lo que representa como líder a palabras y acciones. Por ejemplo, si usted desea "generar resultados con integridad", una acción a considerar podría ser "formar alianzas con proveedores en las cuales no se tomen ventajas injustas por su posición como cliente". Las tres cosas que puede listar pueden ser acciones o enunciados pequeños. Uno de los pun-

tos de la lista puede consistir en hablar directamente con sus subordinados en cuanto a sus deseos de que no crucen las líneas éticas para lograr objetivos de desempeño; que prefería que fracasaran en la consecución de dichos objetivos y preservaran los estándares éticos establecidos.

- Practique llevar a la acción cuando menos uno de estos tres puntos. Esto puede producir ciertas incomodidades al principio. Quizás no esté acostumbrado a permitirle a su gente, sus clientes o sus proveedores, que analicen los valores fundamentales. Automotívese con la imagen de Tony defendiendo a muerte sus creencias en la cultura mafiosa. Si él puede hablar apasionadamente sobre asesinatos y mutilaciones, seguramente usted podrá hablar sobre resultados e integridad.

Confianza en sí mismo y competencia, balanceados con autenticidad

Los seguidores quieren un líder que exprese optimismo, no dudas. Hay algo mágico en un líder que irradia optimismo y certidumbre en el logro de los objetivos. La gente quiere trabajar duro para ese líder, convencida de que su esfuerzo no será en vano. Tony tiene confianza en sí mismo sin ser arrogante (cuando menos la mayor parte del tiempo). Si bien es un equilibrio delicado y difícil de obtener, Tony lo logra, en parte porque es muy genuino y nadie piensa que está actuando. Aunque Tony tiene una enorme confianza en sus ideas y opiniones, también solicita las de otros y se comporta como si realmente quisiera escucharlas. Cuando alguien hace un buen trabajo, no se apodera del mérito; está presto a reconocer el trabajo arduo y la perceptibilidad de los demás. A diferencia de algunos líderes, Tony no es tan inseguro como para sentirse obligado a recordarles a todos lo bueno que es en su trabajo. La mayor parte del tiempo deja que su historial y los resultados generados hablen por sí mismos.

Aunque el carisma se deriva de la confianza, la duda lo disminuye. Tony rara vez actúa con dudas, a pesar de algunos grandes inconvenientes, problemas y desórdenes. Cuando Tony se entera que se anunciarán pronto algunas acusaciones federales que podrían destruir su organización, no entra en pánico. De hecho, alienta a su gente a enfocarse en lo que se necesita hacer para lograr cosas productivas y proactivas en su "limpieza de primavera". Cuando parecía que Tony podía ser arrestado y acusado de asesinato, no muestra ningún temor ni dudas. Incluso cuando todo indica que pasará tiempo en la cárcel por los boletos de avión ilegales que le dio a su madre, Tony sigue optimista.

En religión y en política, los individuos carismáticos caminan por las calles y la gente siente deseos de tocarlos. Es como si su sabiduría y poder de alguna manera pudieran contagiarse a quienes se les acercan. Lo mismo es cierto de los líderes altamente confiables. Cuando las cosas se ponen difíciles, sus seguidores se apoyan en ellos y esta cualidad amplía su carisma. Christopher acude con frecuencia a Tony para que lo reanime cuando está deprimido y Tony responde contándole historias o expresando algunas palabras empáticas para reencarrilar a Christopher. Cuando Gigi asume el liderazgo de la cuadrilla y habla sobre las tensiones a las que está sometido, Tony expresa confianza en su liderazgo y le dice que está haciendo un buen trabajo. Si bien Tony tiene altas expectativas para toda su gente, también confía en que podrán entregar buenas cuentas de dichas expectativas. Con frecuencia, les da una palmada en la espalda y les asegura que podrán cumplir con los objetivos establecidos.

La competencia constituye los cimientos de la confianza de un individuo en sí mismo y en cómo se le percibe. No es suficiente con parecer confiado; se necesitan conocimientos y habilidades para ser competente. Sin competencia, aun el líder más atractivo y elocuente termina siendo un fraude. Lo que parece ser carisma es en realidad extravagancia. Los seguidores quieren un líder que sepa lo que está haciendo. Las historias de la forma en que la experiencia de Tony le ayudó a elevarse entre sus pares son legendarias, Tony es un gran ganador debido en gran parte a que es un hombre de grandes ideas; es muy hábil para crear mecanismos noveles para ganar dinero. Los fraudes del HMO y HUD (Organización de la Administración de la Salud) fueron idea de Tony. Es un hombre que piensa fuera de la caja y su gente adora la excitación y osadía de sus planes. Tony es competente no sólo por sus ideas consistentemente provechosas, sino porque nunca ha estado en prisión. Su habilidad para evitar la cárcel es muy admirada por su gente e inspira a tomar riesgos que de otra manera no correría.

La autenticidad de Tony va de la mano con su competencia y confianza. Sin su cualidad de ser genuino, Tony no sería más que otro jefe astuto de la mafia. Con ella, no sólo es listo sino especial. Es lo que lo separa de la multitud. Observe la forma en que Tony mantiene contacto visual cuando habla con alguien. Si tiene que decir algo importante a un individuo, esa persona siente que está recibiendo una atención especial. La totalidad de su lenguaje corporal transmite su interés y atención genuinos. Cuando está participando en una conversación importante se acerca a su interlocutor, sus gestos son más animados y su voz y tono se hacen más intensos. Tony también hace muchas preguntas, más de las que la mayoría de los líderes hacen (por temor a demostrar que no lo saben todo). Y, finalmente, Tony sabe divertirse. Muchos líderes sienten que deben conservar su dignidad permaneciendo distantes; no van con las tropas a tomar un trago, a presenciar un evento deportivo o a asistir a una fiesta. Tony está más que dispuesto a mezclarse y alternar. Nada le gusta más que pasar un buen rato y su cuadrilla aprecia su actitud de "ser uno de ellos". Con Tony, lo que se ve es lo que se obtiene.

TONY Y EL RECONOCOCIMIENTO DE FRACASOS

"Sé que lo que sucedió fue malo.
Soy un burro. No volverá a suceder"

Hay numerosos ejemplos de la naturaleza sencilla de Tony. Cuando está ayudando a AJ a cambiar un neumático, AJ sugiere que Tony llame al auxilio vial y él le replica, "En esta familia cambiamos neumáticos". Su vecino de al lado, el Dr. Cusamano, y sus amigos, invitan a Tony a su club para una ronda de golf. Al hablar del mercado de valores y otros asuntos, Tony se siente incómodo. No trata de encajar en el grupo ni muestra un interés fingido en tópicos que le son extraños. Tampoco está dispuesto a contar historias de pandilleros para entretenerlos; eso también sería falso, una manera de tratar de congraciarse. Después, Tony sintió que fue usado por ellos y que simplemente fue invitado para divertirlos.

Muchos líderes de la actualidad parecen estar actuando el papel de líder, más que permitir que emerjan sus cualidades naturales de liderazgo. Aunque pueden ser hábiles para representar las "cinco cualidades estándar" de los líderes, exhibiendo las "ocho características" de un "nuevo" líder, su representación se pone en evidencia. Tarde o temprano, la gente se da cuenta cuando alguien no permite que surja su verdadera personalidad. Ser genuino significa reaccionar en vez de sólo actuar y Tony reacciona de manera que a veces es halagadora, pero que demuestra que está siendo él mismo. Por ejemplo, en un episodio se molesta con la Dra. Melfi cuando le cobra por una cita a la que no acudió. Considera esta acción como un indicio de que sólo lo está contemplando como una máquina de hacer dinero, sin preocuparse por él como persona. Tony podría haber actuado con frialdad; podría haber pretendido que no le importaba que le estuviera cobrando. Como se sintió genuinamente lastimado, reacciona con una indignación justificada. Aunque sus acciones pueden hacerlo parecer agarrado o peor aún, vulnerable a la opinión de ella sobre él, no le importa. Va a ser genuino pase lo que pase.

Veamos cómo puede usted ser auténtico, competente y confiable como adiciones a su carisma:

- Revise sus acciones del último mes en cuanto a dudas e incertidumbres. Use el calendario de su oficina para ayudarse a recordar; está buscando episodios en los cuales sus acciones o sus palabras mostraron su falta de confianza en sí mismo y en los demás. Haga una lista de la forma en que puede haber manifestado dudas, para recordarse a sí mismo no convertirse en el tipo de líder dubitativo e indeciso.
- Piense en las cosas en las que debe mostrarse confiado. Enfóquese de manera específica en sus competencias. ¿En qué es bueno? ¿Es un gran orador? ¿Siempre ha sido capaz de proponer nuevas ideas de un momento a otro? ¿Es hábil para formar relaciones y redes? Para proyectar un aire de confianza, es muy útil recordarse a sí mismo ocasionalmente que usted es muy bueno en ciertas cosas.
- Prepare una tabla de falso/genuino. En otras palabras, en un lado de una hoja de papel escriba las cosas comunes que hace y que no reflejan quién es. Veamos tres ejemplos:
  1. Darle por su lado a su jefe.
  2. Pretender que los pésimos reportes de investigación que le entregaron sus subordinados son "bastante buenos".
  3. Inventar excusas con sus subordinados de por qué no puede ir a eventos deportivos con ellos a causa de otros compromisos.

  Del lado de lo genuino, escriba cómo podría actuar con más autenticidad cuando vuelva a surgir la situación. Veamos tres respuestas genuinas a las tres acciones falsas listadas:
  1. Respetuosamente decirle al jefe que su "brillante" nueva política para la rendición de cuentas es en realidad una pesadilla en

papel que sólo provocará que su gente lo maldiga hasta el fin de sus días.

2. Confrontar a sus subordinados directos y explicarles con exactitud por qué no son adecuadas sus investigaciones.
3. Asistir a partidos si realmente tiene ganas de ir, y si no es así, decirles con honestidad que no quiere ir.

Fortaleza y percepción de invencibilidad

En nuestro mundo, más amable y gentil, muchos líderes han "ablandado" sus imágenes para ser más accesibles. Se han alejado del estereotipo silencioso y fuerte para ser personas más delicadas y sensibles. De muchas maneras, esta tendencia es buena. Los líderes actuales necesitan humanizarse y aprender a relacionarse mejor con la gente que los líderes del pasado. Sin embargo, algunos ejecutivos han llevado esta tendencia demasiado lejos. Parecen carecer de espina dorsal. Ceden ante la menor presión superior y no apoyan a su gente cuando tiene problemas. Especialmente en las culturas dadas al consenso, el mensaje puede ser que un debate apasionado es inaceptable y los líderes se adaptan a este mensaje no expresando con fuerza sus ideas.

Como ya se lo imaginará, Tony no es así. Su cuadrilla lo ve como alguien que se mantiene firme consigo mismo y con su gente. No deja que alguien se salga con la suya y no permite que nadie lo pisotee. Si bien Ralph no es particularmente de su agrado, Tony sabe que debe protegerlo cuando parece que Johnny Sack está tras él y le da una paliza a uno de sus hombres sin razón aparente. Además, cuando Carmine y Johnny buscan obtener una parte del negocio HUD, Tony no cede de inmediato ante su presión. En cambio, como no está de acuerdo en que tengan una participación, decide suspender el proyecto Esplanade y esperar hasta que hagan una propuesta más realista. Sabe que su organización está más diversificada que la de Carmine y que lo puede forzar a rendirse. A pesar de la presión que le ponen, Tony se rehúsa a ceder, aunque le presentan oportunidades de negociar sin perder cara. Parte de la proyección de una imagen de fortaleza consiste en negarse a ceder, ni siquiera un poco, cuando está seguro de tener la razón, y en este caso, Tony tiene la seguridad de estar en lo correcto.

Se sabe que un líder es fuerte cuando es emulado por sus seguidores. Hay muchos que desean ser como Tony, y Artie el restaurantero es uno de ellos. El hermano de la recepcionista de Artie se ha retrasado en el pago de un préstamo que le hizo. Al principio, Artie trata de ser un buen tipo, pero cuando eso no funciona, decide presionarlo para que pague. Antes de visitar a su cliente incumplido, Artie trata de personificar de la mejor manera a Tony delante del espejo. Después entra como tromba a su apartamento, trata de golpearlo y él sale golpeado. Aun así, es un testamento a la fortaleza de Tony como líder, que Artie quiera ser como él.

De hecho, Tony es tan carismáticamente fuerte como líder que otras personas conscientemente lo toman como modelo de sus comportamientos. Incluso la Dra. Melfi, cuando está en un restaurante y ha tomado unos tragos, asume la actitud ruda de Tony. La mujer sentada en la mesa de al lado ha estado fumando y la Dra. Melfi le ha pedido que no lo haga. La Dra. Melfi suena notablemente parecida a Tony cuando deja de ser una profesional educada y le ladra a su vecina "Apague ese maldito cigarro". Jackie Jr. también quiere emular el estilo de Tony cuando planea un robo en un juego de baraja de altas apuestas y termina disparando al couprier y a dos hombres. Como Artie, Jackie Jr. admira la fortaleza de Tony pero fracasa al tratar de imitarla. Esto contiene una lección. No estoy sugiriendo que usted deba volverse un individuo violento como líder. Hay muchas maneras de ser fuerte y necesita escoger la que mejor encaje con su personalidad y posición.

Con frecuencia, la fortaleza carismática genera un aire de invencibilidad. Tony parece indestructible en general y más específicamente cuando sobrevive a un atentado de su vida; se ve tan físicamente fuerte y decidido que parece que nada lo puede dañar. Los líderes empresariales parecen invencibles porque proyectan cualidades tales como firmeza y determinación al enfrentarse a situaciones muy difíciles. No es sólo que estos líderes sobrevivan a los juegos políticos internos y a las reducciones de personal, sino que se mantienen firmes en sus posiciones y políticas a pesar de las presiones externas (clientes) e internas (jefes, consultores, consejeros) para hacerlos cambiar. El término "voluntad indomable" captura lo que estos individuos representan. Esta fortaleza puede ser magnética e inspiradora. A la gente le gusta asociarse con ganadores.

El peligro de ser un líder fuerte es que los seguidores pueden volverse demasiado dependientes. Cuando Christopher se mete en un lío al secuestrar los camiones de Junior, acude a Tony y le pregunta, "¿Qué podemos hacer, T?" En el episodio "Pine Barrens", cuando Christopher y Paulie no encuentran palabras, Paulie llama con frecuencia a Tony para pedirle instrucciones. Conscientemente o no, los líderes fuertes pueden sentir la necesidad de crear esta dependencia excesiva. Deseando que Christopher asuma más responsabilidades en la familia, Tony le ordena a matar al hombre que "supuestamente" asesinó a su padre. Sabía que esto había estado dándole vueltas en la cabeza a Christopher por tratarse de un asunto no resuelto. Tony manipula los eventos de tal manera que Christopher siempre esté en deuda con él.

Si usted quiere desarrollar el tipo de fortaleza de liderazgo que inspira a los demás, puede usar las siguientes técnicas:

- Identifique su forma particular de fortaleza. Quizás usted es la clase de persona que lucha duro y por largo tiempo para implantar sus ideas y programas. Quizás usted es fuerte en el sentido de apoyar a la gente hasta lo último. Es posible que su fortaleza resida en permanecer calmado y tomar buenas decisiones en situaciones volátiles. Quizás su fortaleza radica en su carácter; nunca es servil con nadie ni intenta manipular a la gente para que se plieguen a sus deseos. Encuentre su fortaleza y proyéctela tan frecuente y diversamente como le sea posible.
- No se rinda, retroceda o reniegue de una promesa. Éstas son la clase de acciones que llevan a los líderes a ser percibidos como débiles. Los jefes que prometen bonos a sus subordinados y después no cumplen sus promesas porque "no lograron que se aprobara" o "es un mal momento para pedirlo" se contemplan como carentes de fuerza de voluntad. De manera similar, los gerentes que dan pláticas fervorosas a su gente de cómo obtendrán un recurso X para el grupo o deshacerse de la presión del ejecutivo Y, y después tienen que desdecirse, también son considerados como débiles. El sólo hecho de evitar estas acciones debilitadoras — o cuando menos evitarlas hasta el máximo posible — ayudará a solidificar la percepción de fortaleza.
- Sea suficientemente confiado en su fortaleza para no crear una raza de esclavos. En el entorno actual de negocios, los líderes deben estimular un sentido de interdependencia en su gente. Necesitan comunicar la importancia de actuar de manera independiente, pero también como parte del grupo. Los empleados dependientes cons-

tantemente buscan la autorización y aprobación del jefe y esta dependencia les limitará la iniciativa y la creatividad. Por consiguiente, no sea tan intimidante que la gente tenga temor de hacer algo sin su permiso. No sea tan alto y poderoso como para que ellos traten de manera automática de complacerlo a usted primero y resolver el problema después. Déle a la gente suficiente libertad para actuar por su cuenta sin temor a represalias de su parte si comete un error.

Comodidad con el poder

Con el liderazgo se adquiere poder, pero no todos los líderes se sienten cómodos con el poder o no saben cómo usarlo. Algunos abusan de él humillando a sus subordinados o tratando a los proveedores despectivamente. Otros se sienten tan abrumados con su poder que casi nunca lo usan, pretendiendo ser como cualquiera de los demás. En cualquier caso, nunca se benefician del carisma que acompaña a los líderes que se sienten cómodos con el poder.

Tony está cómodo con su poder. Cierto es que a veces abusa, pero la mayor parte del tiempo le queda como un guante. Si bien necesita su poder, no permite que lo domine. Respeta a su propio poder sin temor a usarlo. Y siempre le recuerda a su gente — algunas veces de manera sutil — que el poder es suyo. Incluso cuando está con su gente comiendo un plato de macarrones, siempre se sienta en la cabecera de la mesa. En un restaurante muy concurrido, nunca pasa por su mente la idea de esperar por una mesa. Tony ajusta su uso del poder para adaptarlo a la situación. Algunas veces lo usa para poner a la gente en su lugar. En todas sus interacciones con Vin, el detective "jugador degenerado", Tony lo trata con un desdén bastante evidente. En una escena después de que Vin le ha proporcionado a Tony información sobre los movimientos de la Dra. Melfi (Tony no está seguro de que no esté trabajando para la policía federal), Tony lleva consigo una caja de merengues. Vin le pregunta qué contiene la caja y le pide una galleta. Tony hace una pausa y no se la da de inmediato. Este simple gesto dice mucho. Tony lo ve como débil y no respeta a los débiles. Cuando el FBI acude con una orden de cateo a su casa, Tony conserva su poder. Cuando uno de los agentes rompe un frasco que tomó del refrigerador, Tony le ordena que limpie lo que ensució.

TONY Y LA ACEPTACIÓN DE LA RESPONSABILIDAD DEL LIDERAZGO

"Soy el único que da órdenes"

Tony nunca se entretiene en las reuniones; dice lo que tiene que decir y después se marcha. Pone atención individual, completa su tarea, pero nunca actúa como si su poder fuera tan inseguro que tuviera necesidad de supervisar la reunión o comportarse como todos los demás y quedarse porque su poder lo hace sentirse incómodo. Sus rápidas salidas de las reuniones transmiten el mensaje de que debe atender otros asuntos importantes y que otros pueden darse el lujo de platicar, pero él no.

Tony no siempre es sutil para darle a conocer a los demás que él está a cargo, en especial cuando parece olvidárseles o actúan irrespetuosamente. Por ejemplo, nunca deja pasar la oportunidad de vituperar al chofer y consigliere de Junior, Mikey Palmice. Después de varias discusiones, Tony finalmente lo golpea y después muestra una pistola para reafirmar de manera indudable quién está a cargo. Se trata del brazo derecho de Junior, pero Tony no duda en ponerlo en su lugar; Tony es lo suficientemente poderoso para no temerle a las consecuencias.

También es importante hacer notar que Tony no malgasta su poder. Reconoce que algunas veces tiene más lógica usar la influencia que la fuerza bruta. Sería fácil para Tony usar su poder para socavar a Junior. En vez de ello, sabe que es preferible tratarlo como a un igual que como si fuera su inferior. Por consiguiente, para mantener la paz en la familia, perpetúa la ilusión de que Junior es el jefe. Cuando Junior quiere imponer un impuesto a Hesh, Tony arregla con Johnny Sack sentarse con Junior y Hesh, pero hace parecer que Johnny lleva la voz cantante. Le ahorra dinero a Hesh, le comprueba a Johnny quién está a cargo y conserva a Junior como la figura decorativa. Cuando Hesh y otros se quejan con Tony de que Junior no está repartiendo las ganancias, Tony habla con Junior y arregla el problema. Sin embargo, lo que Tony no hace es decirles a todos que él fue el responsable de lograrlo. Lo deja en el aire y el hecho de que no tenga que presumirlo es otro testimonio de su poder.

Finalmente, Tony irradia el aura de poder lidiando solamente con sus iguales. Cuando se reúne con Teittleman, el judío hasídico, éste le pide ayuda para lograr el divorcio de su hija y Tony le muestra respeto pidiéndole que se dirija a él por su nombre de pila y expresándole su empatía por la situación de su hija. No obstante, cuando el hijo de Teittleman trata de hablar con Tony, lo ignora. De manera similar, cuando Tony viaja a Italia para concertar un trato con sus "hermanos" allá, aclara perfectamente que sólo hablará con el "gran jefe". Al descubrir que el gran jefe es Annalisa — todos los hombres están en la cárcel — al principio se desconcierta pero no tarda en demostrarle el respeto que le otorga a sus iguales.

Veamos algunas de las maneras para que usted sea un líder poderoso en el mejor sentido de la palabra:

1. Analice su comodidad con el poder contestando las siguientes preguntas:
   - ¿Siente la necesidad de recordarle constantemente a la gente que usted es quien manda?
   - ¿Se preocupa que sus pares piensen que usted está ávido de poder y por tanto hagan todo lo posible para pretender que es su igual?
   - ¿Usa su poder selectiva y estratégicamente y espera el momento adecuado y la situación apropiada para ejercer su poder?
   - ¿Logra que la gente le preste atención sin elevar la voz o hacer algo fuera de lo común?
   - Cuando alguien le falta el respeto a su posición o trata de usurpar parte de su poder, ¿se asegura que entienda que ha cometido un error?
2. Prepare una lista de las formas en que puede mostrarle su poder a la gente sin ser obvio ni ofensivo al hacerlo. Un ejemplo es la manera en que Tony nunca pierde el tiempo en las reuniones. Otro podría ser comunicarse solamente con la gente de su nivel al discutir alianzas o acuerdos importantes. Otra posibilidad puede involucrar corregir a alguien que directa o indirectamente desafíe su autoridad (en vez de dejarlo pasar).

EL CARISMA ESTÁ EN LOS OJOS DEL OBSERVADOR

Usted puede considerarse un líder carismático, pero todos los demás pueden pensar que es pura fachada. O quizás esté convencido de que su estilo tranquilo y ensimismado es muy poco carismático, pero su gente puede considerarlo como un líder dinámico y magnético. No es posible basarse únicamente en la personalidad para determinar si es carismático. Tony es muy diferente de John F. Kennedy, quien fue muy diferente a Oprah Winfrey, que a su vez es muy diferente a Woody Allen y éste muy diferente a Tiger Woods. Por consiguiente, no se mire al espejo buscando su carisma. Permita que otras personas lo juzguen y le expresen su opinión. Las siguientes son preguntas que puede distribuir a sus subordinados, basadas en los cuatro elementos fundamentales del carisma que Tony posee. Idealmente, le darán una retroalimentación honesta. Aunque no fuera así, podrá usar estas ideas para reflexionar en lo que necesita hacer para convertirse en un líder con presencia.

Califique a su jefe en una escala de 1 a 5:

1. Mi gerente nos apoya fuertemente con respecto a aumentos de sueldo, promociones, recursos, etc.
   5 4 3 2 1
   Siempre Algunas veces Nunca
2. Mi gerente actúa de acuerdo a creencias y valores profundos sobre la forma en que deben conducirse los negocios.
   5 4 3 2 1
   Siempre Algunas veces Nunca
3. Mi gerente habla y actúa con autenticidad; lo que se ve es lo que se obtiene.
   5 4 3 2 1
   Siempre Algunas veces Nunca
4. Mi gerente siempre parece saber con exactitud lo que está haciendo.
   5 4 3 2 1
   Siempre Algunas veces Nunca
5. Mi gerente muestra gran confianza en sus programas y políticas.
   5 4 3 2 1
   Siempre Algunas veces Nunca
6. Mi gerente es considerado como un individuo participativo en esta organización.
   5 4 3 2 1
   Siempre Algunas veces Nunca

7. Mi gerente se siente cómodo con el poder y rara vez lo usa innecesaria o arbitrariamente.
   5 4 3 2 1
   Siempre Algunas veces Nunca
8. Mi gerente da la sensación de que no puede fallar
   5 4 3 2 1
   Siempre Algunas veces Nunca

Quizás usted nunca llegará a tener la electricidad de Tony, pero ciertamente podrá incrementar su potencia sin fundirse. Tras recibir las respuestas a estas interrogantes o reflexionar en la forma en que la gente podría responder, hágase el propósito de avanzar un paso en cuatro de las ocho categorías. En otras palabras, solamente tiene que pasar de *nunca* a *algunas veces* o de *algunas veces* a *siempre* en cuatro de las respuestas de calificación. En el papel, esto puede parecer una ganancia modesta del carisma, pero no tenga duda que en la vida real la gente lo notará.

AJÁ DEL CARISMA DE TONY

Entre a un salón como si entrara a su propia cocina, en vez de sentirse como si hubiera entrado a un palacio y tuviera temor a usar el tenedor equivocado.

3

Quién es el jefe

Una estructura simple, clara y adaptable

Algunos líderes de la actualidad se pierden en las estructuras organizacionales "creativas" y demasiado complejas de sus empresas. Al centrarse en la innovación y los procesos de trabajo, pueden perder cierto grado de efectividad.

Tony tendría problemas como líder de una organización matricial donde las decisiones por consenso fueran la norma y se desalentaran las decisiones individuales. Como líder que valora la ejecución por encima de todo lo demás, Tony favorece una estructura pragmática que enfatice las relaciones informales pero claras de los subordinados y los jefes. No hay elegantes estructuras matriciales ni jefes múltiples para él. Los papeles son claros. Las áreas de responsabilidad y la rendición de cuentas son precisas y claras. A los subordinados no se les permite "jugar fuera de su posición" dentro de la estructura, a menos que estén tratando de atacar al jefe o a un territorio — jugada peligrosa y poco usual.

A primera vista, puede parecer que Tony dirige una estructura típica y pasada de moda de ordenar y controlar. La gráfica de organización de Tony tiene todas las características de una estructura jerárquica mafiosa siguiendo un modelo militarista, tal como se ilustra después.

Sin embargo, Tony reconoce la necesidad de un estructura fluida en un entorno volátil y le permite a su cuadrilla bastantes libertades, en especial para una organización tan rígida. Todo líder de negocios puede aprender mucho de la forma en que Tony trabaja con efectividad con una estructura aparentemente rígida. Veamos cuál es esta estructura y la forma en que Tony la aprovecha al máximo.

GRÁFICA DE ORGANIZACIÓN DE LA FAMILIA SOPRANO (JUGADORES CLAVE)

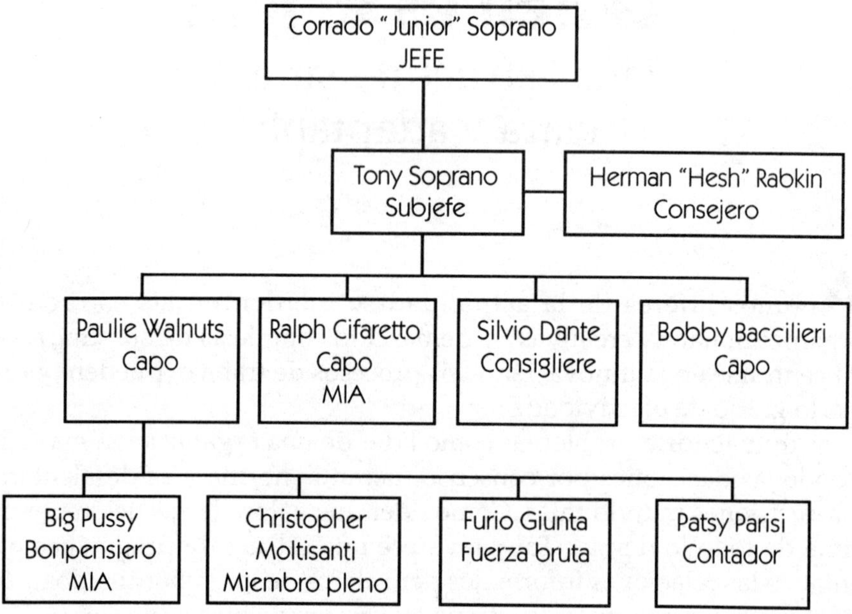

POSITIVOS Y NEGATIVOS DE UNA ORGANIZACIÓN MORTALMENTE EFICIENTE

En el modelo de la mafia, los capitanes generalmente supervisan varias cuadrillas encabezadas por soldados y el principio operacional incuestionable es la obediencia. Por ejemplo, Christopher es un soldado. Dos de sus asociados, Sean y Matt, comenzaron a efectuar pequeños robos, pero cuando desobedecieron — trataron de dispararle a Christopher como un favor a Richie — no recibieron el tipo de advertencia que un subordinado suele provocar por un acto similar de falta de respeto. Simplemente recibieron notificaciones de terminación inmediata. No obtuvieron apoyo ni de Richie ni de nadie más. Es obvio que habían rebasado su autoridad basada en la estructura de la mafia. Y en una jerarquía donde las relaciones de subordinación son sagradas, cometieron un pecado mortal.

Es fácil comprender cómo se beneficia de su estructura una mafia. Sin relaciones de subordinación rígidas y énfasis en la obediencia, seguramente se produciría un caos. La gente puede planear golpes internos o formar alianzas con otras familias que podrían destruir a la organización. Los jefes tienen que tensar las riendas con su personal para asegurarse que no surjan ideas brillantes y comiencen a actuar como agentes libres.

Aunque Tony necesita trabajar dentro de su estructura, ha hecho ajustes que le permiten ser más innovador que la mayoría de los jefes de la mafia. Como se puede apreciar en la gráfica de negocios, Tony tiene algunos puntos no muy claros, por lo que existe una superposición de responsabilidades en sus diversos negocios.

El gran pragmatismo de Tony le da forma a esta estructura. No va a dejar la toma de decisiones en el nivel más bajo, pues no confía en los neófitos o en individuos que son todo fuerza y poco cerebro. Tampoco va a alentar a su gente a formar redes sin su dirección y supervisión, consciente de que les sería muy fácil formar alianzas tanto para él como en su contra. Aunque el ego de Tony es saludable, tiene razones prácticas para adjudicarse tanto poder. Sabe que en la cultura de la mafia, un jefe sin poder es un jefe que nunca impondrá respeto. Las siguientes son las bases fundamentales de la estructura de Tony:

- Seguir la cadena de mando es bueno y mantiene las cosas en orden.
- Estos tipos son criminales y necesitan reglas para mantenerlos unidos.
- Obedecer órdenes está bien; es la forma en que se hacen las cosas y nadie objeta.

Líneas de negocios clave de la familia Soprano

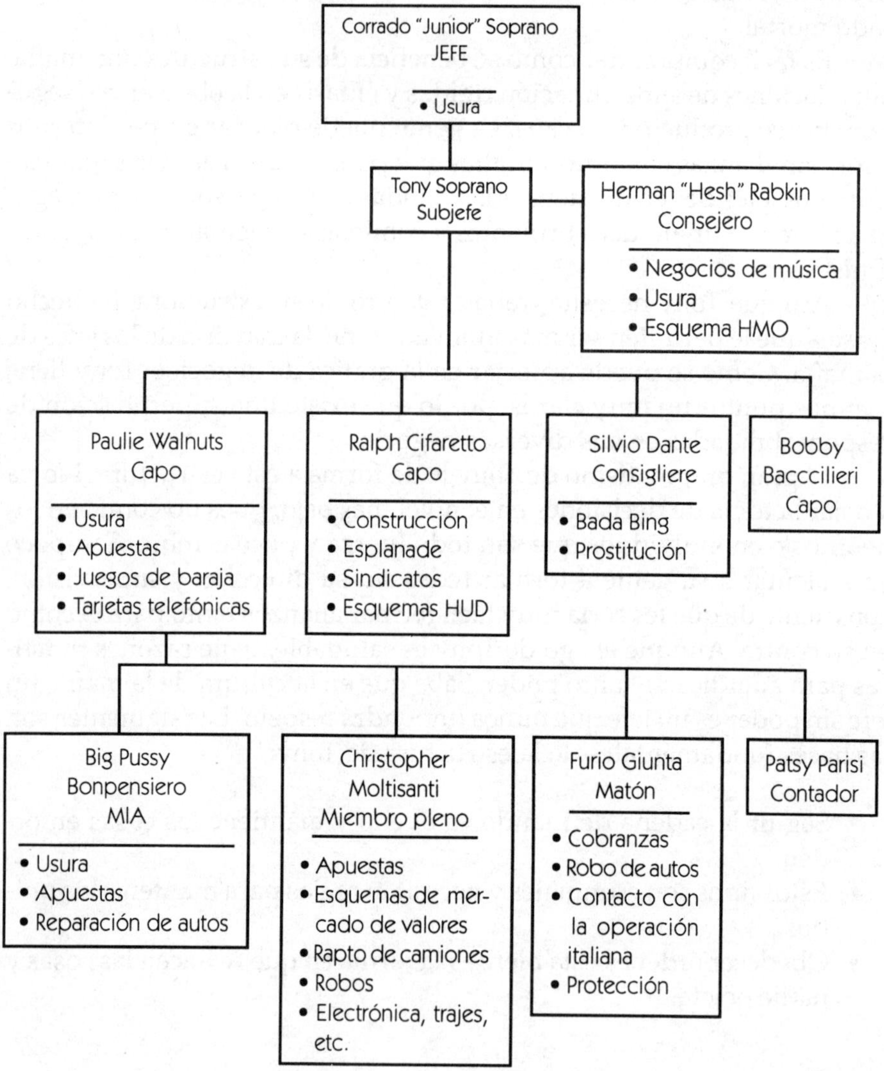

- El jefe tiene la última palabra. Se le puede dar toda la información y estar en desacuerdo, pero él tiene la última palabra. Una vez tomada una decisión, se ejecuta sin más discusión ni desacuerdos. Todo mundo apoya la decisión.
- Se respeta al jefe. El jefe es el jefe porque es la persona adecuada para el trabajo. Lo ha probado. Sabe lo que hace. Las otras familias lo respetan
- Se confía en la gente que manda; se han ganado los galones.
- Su lealtad es hacia la familia y a la persona por encima de usted. La familia lo cuidará, en especial cuando surja la necesidad.

Al leer estas suposiciones, quizás sienta deseos de decirle a Tony que salga de la Edad Media y se adapte a los diseños organizacionales modernos. Cuando menos, pensará que ninguna de estas suposiciones es aplicable a su estilo de liderazgo. Probablemente reaccionó a todas las ideas sobre lealtad a la familia y obedecer las órdenes como irrelevantes para lo que usted está tratando de lograr. ¿Quién es leal a la organización en estos tiempos? ¿Quién obedece órdenes, en especial en el creciente segmento de jóvenes de los sistemas de información de la población empleada?

TONY Y LA FUNCIÓN DE LOS SUBORDINADOS DIRECTOS DESDE LA PERSPECTIVA DEL LIDERAZGO

"Tu trabajo es lograr que mi trabajo sea más fácil"

Si usted no toma literalmente estas suposiciones, podrá encontrar algunas verdades en los imperativos estructurales de Tony. Considere su premisa de que "estos tipos son delincuentes y necesitan reglas para mantenerse unidos". Estoy suponiendo que sus empleados no son delincuentes, pero sí pueden ser necios, inmaduros y demasiado dispuestos a correr riesgos. Por tanto, necesitan algunas reglas — ciertos parámetros bien definidos — para operar con efectividad.

Para ver cómo se aplican los principios estructurales al líder del siglo XI, imaginemos lo que sucedería si Tony decidiera contratar a un consultor gerencial para que le proporcionara una perspectiva alternativa de la forma de organizar su cuadrilla. Este consultor es relativamente joven y está muy a favor de todos los conceptos de moda, y Tony lo llama para discutir su opinión del grupo. La conversación puede asumir las siguientes pautas:

Consultor gerencial. Tony, la pirámide ya no opera. ¿No has oído hablar del deseo de que las decisiones se tomen al nivel más bajo posible?

Tony. Escucha, yo trato de que así sea. Mis capitanes dirigen sus propios asuntos. Mientras el dinero siga llegando. Eso es lo único que importa. Traen la participación porque no quieren que los desaparezca. Ellos deciden cómo lo hacen y con qué medios. Espero que ellos hagan lo mismo con su gente y toda la línea. No quiero montarme sobre ellos ni quiero que ellos tampoco lo hagan con sus subordinados. A nadie le gusta trabajar de esa manera. Pero los asociados bajo los soldados son otra historia. No les damos mucha cuerda. Están muy verdes. Tienen que demostrar que pueden recibir órdenes y deben probar que se puede confiar en ellos.

Consultor gerencial. Con una estructura tan jerárquica, no es posible beneficiarse de las ideas de la gente en la parte baja de la organización — los que están más cerca del trabajo. Tus capitanes están muy alejados de las operaciones cotidianas.

Tony. ¿Estás diciendo que mis capitanes no saben lo que está sucediendo con su gente? Siempre espero que mis capitanes estén al tanto de lo que hacen sus soldados y que estos siempre sepan cómo actúan sus asociados — así es como funciona. Todo mundo sabe lo que está sucediendo por debajo de ellos en todos los niveles que necesitan conocer. No tenemos una dictadura, pero tampoco es una democracia. Los soldados pueden hablar con los capos y éstos conmigo. Todo mundo expresa su opinión, pero el jefe siempre tiene la última palabra. Una vez tomada una decisión, se ejecuta sin que nadie se oponga a ella.

Consultor gerencial. ¿Qué otros beneficios crees que obtienes con esta estructura?

Tony. Es rápida y eficiente. Si se presenta un problema, alguien me llama y nos abocamos a resolverlo. Si es algo que afecte a todos, nos reunimos y lo discutimos. Los problemas en cualquier parte del negocio son resueltos ya sea en la fuente de origen por los capos o los soldados, o bien se filtran hacia arriba y aquí los resolvemos. Yo y mis capitanes somos compactos. Somos leales a la familia y confiamos unos en otros con nuestras vidas. Nos contamos todo. Yo expreso las cosas como son y espero que todos hagan lo mismo. Si existe algún problema de confianza, lidiamos con él de inmediato.

Consultor gerencial. ¿Quién encabeza los nuevos negocios?

Tony. (*Riéndose*). Todos son responsables de idear nuevos negocios. Quiero que toda mi gente esté pensando en planes, que vea a quién se debe presionar para que acepte protección, centrarse en los jugadores empedernidos cuyo negocio está listo para nosotros, más trabajos de construcción tipo "aviadores". Creo que captas la idea. Cualquiera que tenga una nueva idea o un plan lo presenta a su jefe y se le da una decisión positiva o negativa. Si el plan implica una cuadrilla numerosa, la inversión de mucho dinero o asociaciones fuera de nuestra familia, los capos pueden necesitar reunirse y discutirlo. En la mayor parte de las situaciones, el jefe de la cuadrilla puede tomar la decisión.

Consultor gerencial. Uno de los aspectos que he observado con las organizaciones jerárquicas es que resulta difícil tener contacto con el talento de los niveles inferiores.

Tony. Nuevamente, me baso en mis capos para detectar a los que muestran ser una promesa. Los prueban, les dan algunos trabajos para ver como se comportan. Algunas veces me informan cuando hay alguien a quien yo debo conocer. Le podemos asignar una tarea en una estafa o servir los tragos en juego de baraja para ejecutivos. Si vale la pena, lo analizo.

Consultor gerencial. Cuando todo tiene que pasar por la cadena de mando, ¿qué pasa si tengo un desacuerdo con mi jefe? ¿A quién acudo?

Tony. Si el desacuerdo es legítimo, pueden solicitar una reunión. Se te escuchará y se tomará una decisión. Pero tendrás que aceptar cualquier decisión que se tome. Esas son las reglas.

Consultor gerencial. Sé que Paulie tiene algunos negocios de juegos y lo mismo con Sil; no estoy seguro de la eficiencia de una persona manejando juegos y préstamos.

Tony. Paulie tiene a sus agentes de apuestas que han estado con él por muchos años. Sólo hacen negocios con él. Paulie también tiene a muchos jugadores a los cuales les da manga ancha hasta que los para. Paulie siempre sabe cuánto pueden perder y hasta dónde pueden llegar en cada ocasión. No sé cómo lo hace, pero nunca se equivoca. Si se lo diera a Sil, los jugadores se endeudarían tanto que tendríamos que matarlos. ¿De qué sirve eso? Por último, está Hesh, que tiene tanto dinero de los préstamos y que es muy meloso con sus clientes al principio, pero mientras genere nuestra parte, todos comemos.

También tienes que recordar que la responsabilidad de un individuo tiene mucho que ver con su área de experiencia, con lo que le heredó su familia y con los contactos que puedan ser aprovechados en todo lo que maneja.

También podría cambiar responsabilidades con facilidad. No me gusta hacerlo con frecuencia...a menos que sea necesario. Si se presenta un problema de confianza o pensamos que alguien puede estar traicionándonos, entonces tenemos que tomar algunas precauciones.

Consultor gerencial. Una desventaja de tu estructura es que no hay interrelaciones o áreas compartidas entre las cuadrillas.

Tony. (*Lo contempla con una mirada de acero*). ¿Y quiénes y cómo crees que dieron ese golpe contra los colombianos? ¿O el negocio HUD? ¿Debo decir más? Seleccionamos a los mejores hombres para el trabajo que tenemos entre manos — sin importar a qué cuadrilla pertenecen. Todos compartimos el dinero. Somos muy flexibles y podemos adaptarnos y cambiar de acuerdo a las necesidades.

Consultor gerencial. Lo haces parecer como si todos fueran una gran familia feliz. ¿No hay peleas o rivalidades?

Tony. Básicamente todos nos llevamos bien — algunos mejor que otros. Supongo que si hay rivalidades y competitividad. Es normal. Todo mundo quiere ser un gran ganador, es parte de la lucha por ascender. Sin embargo, mientras sea sana, es bueno para el negocio. Mientras más negocios hagamos, más ganaremos todos. Sabotear a otra cuadrilla, robarle o invadir su territorio es contra las reglas. El precio a pagar es alto.

Consultor gerencial. ¿Alguna vez has pensado en un tipo diferente de estructura como un consejo donde las decisiones las tome un grupo?

Tony. Sí, hablamos de eso una vez. Recuerdo que estábamos comiendo langostas. Fue cuando murió Jackie. Sabíamos que había necesidad de un líder, pero nadie quiso dar un paso hacia delante. Nadie quería realmente los dolores de cabeza, los federales estaban tras nosotros, por lo que uno de los presentes sugirió que dirigiéramos la familia con un consejo, pero entonces dijimos que los de la vieja guardia lo establecieran como una organización paramilitar. Se necesita un jefe. Funciona. Algunas veces, a los jóvenes puede no gustarles mucho. Christopher no estaba muy contento cuando traje a Furio sin "consultarle". Recuerdo que reaccionó irónicamente y me dijo "No me llegó el memo [sobre Furio]". Le contesté en la misma forma diciéndole "¿Lo habrías leído si te lo hubiera enviado?" No los consulto en todo. Así son las cosas.

Consultor gerencial. Después de la muerte de Jackie, hubo una lucha por el poder entre tú y Junior. ¿Alguna vez pensaste en algún tipo de coliderazgo entre ustedes dos?

Tony. Estás loco. Escucha. Lo quiero mucho. Es mi tío, pero coliderazgo, ni hablar. Somos tan diferentes como la noche del día. Su gente le es leal y la mía me es leal. Si discordáramos sobre algo, probablemente terminaríamos matándonos. Quizá un coliderazgo funciona entre Ben y Jerry o en un negocio de helados, pero no en nuestra línea de trabajo. La gente necesita un solo jefe.

UNA ESTRUCTURA SIMPLE PARA TIEMPOS COMPLEJOS

Piense en su empresa y en el grupo al que pertenece. ¿Qué es lo peor acerca de cómo está organizado? He planteado esta pregunta a diferentes ejecutivos de diversas empresas y transcribo a continuación algunas de sus respuestas:

- Se requiere un tiempo muy largo para transformar una idea en un programa.
- El sistema está establecido de tal manera que no se puede empezar a hacer algo si no hay consenso y con frecuencia, el consenso significa ideas negociadas. Además, todo esto toma tiempo.
- La responsabilidad está repartida con muy poca claridad; tenemos mucha sinergia pero poco seguimiento.
- Se supone que debe haber intercambios de conocimiento, pero no hay un incentivo real para que la gente comparta ideas con otros grupos.
- Tenemos tantos equipos trabajando en tantos proyectos diferentes que es muy difícil coordinar los esfuerzos de todos.
- Cuando las condiciones del mercado cambian, no estamos preparados para cambiar con él. Somos una empresa tan grande y compleja que carecemos de flexibilidad.

- Nuestra estructura plana nos permite movernos con rapidez, pero tal como resulta, tenemos diez distintos grupos moviéndose con rapidez en diferentes direcciones.

Tómese un momento para evaluar si su estructura es adaptable, simple y clara como la organización de la familia Soprano. Para ayudarlo en esta evaluación, he creado la prueba ABC, que le pide suponer que su compañía está en un negocio similar al de los Soprano. Si Tony tomara esta prueba, la pasaría con altas calificaciones. Un gran número de líderes empresariales en la mayor parte de las organizaciones no la pasarían; vea cómo califican usted y su empresa.

Prueba ABC

1. Si usted trata de programar un "golpe" a alguno de sus competidores, ¿con qué rapidez podría conjuntar y formar el equipo de gente adecuado?
   a. De la noche a la mañana.
   b. En una semana.
   c. En un mes.

2. Si su equipo principal y el equipo principal de Tony (Paulie, Sil y Christopher) estuvieran compitiendo para ver cuál es más cohesivo y confiable, ¿cómo calificaría su equipo?
   a. Estamos listos para enfrentárnosle (recuerde que Paulie habla con Johnny de vez en cuando).
   b. Probablemente ocuparíamos el tercer lugar... y eso suponiendo que hubiera otro equipo. Equipo, ¿qué equipo?
   c. Nos destrozarían.

3. Usted y su equipo ven una oportunidad de apoderarse del mercado de televisores de plasma y se le ocurre una gran estrategia. Sin embargo, otras facciones de su organización objetan su estrategia una vez que ven que usted la va a aplicar. Usted cree que estas objeciones no son válidas, pero su vehemencia lo obliga a hacer una pausa. ¿Qué haría?
   a. ¿Seguir adelante? Tuvieron la oportunidad de expresar sus preocupaciones en la fase de planeación.
   b. Comprender sus objeciones pero continuar con su proyecto.

c. Parar las prensas. Reagruparse y continuar con la estrategia.

4. Recientemente, su equipo se pasó todo un día con el equipo de "probabilidades" de la cadena de suministro (los tomadores de apuestas) aclarando papeles, responsabilidades y derechos de decisión. Se ha mapeado quién hace qué. Dos semanas después, uno de los tomadores "se sale de su posición" con un trabajo importante que se supone debería hacer uno de los miembros de su equipo. ¿Cómo procedería?
   a. Llama al jefe de esa persona y reunirse con él para aclarar papeles y responsabilidades.
   b. Llama a la persona que se salió de límites y le echa en cara su error.
   c. Lo deja pasar. Usted no quiere tratar con ese loco y piensa que no volverá a suceder.

5. Uno de sus subordinados directos que también reporta en forma secundaria a uno de sus pares, acude a usted porque ese jefe indirecto lo ha amenazado con destrozarlo si continúa dándole prioridad a las asignaciones provenientes de usted.
   a. Usted convoca a una reunión con su par y el subordinado directo para resolver el asunto, pero aclara que, tal como está estructurada la organización, usted tiene la última palabra.
   b. Le dice a su subordinado que no le haga caso al otro jefe y que continúe dándole prioridad a lo que usted le asigna.
   c. No hace nada. Las cosas se arreglarán por sí solas.

6. Usted cree que necesita contratar a un externo con experiencia en un área en la cual su equipo no la tiene — está buscando un ladrón de cajas fuertes hábil en combinaciones digitales. Su equipo está molesto — creen que pueden manejar esta tarea internamente — y le informan que se oponen a la contratación. ¿Qué hace?
   a. Contrata a esa persona. Es su decisión.
   b. Pospone la decisión por un tiempo. Se toma el trabajo de educar a su gente en las complicaciones de abrir una caja fuerte de combinación digital y espera a que cambien de opinión para contratar a la persona necesaria.
   c. No contrata a esa persona. No quiere causar perturbaciones en ese momento.

7. Usted emite una directiva informando a todos que desde ese momento, todas las interacciones con compradores de artículos robados, prostitución, clientes jugadores y asociados en cualquier plan de estafa, deben resumirse en un reporte y presentarse el mismo día. Su gente:
   a. Hace de inmediato lo que usted pide sin preguntas ni objeciones.
   b. Hace lo que le pide pero con lentitud.
   c. Cuestiona su directiva y se resiste a ella pasivamente.
8. Uno de sus subordinados directos le informa que renuncia para dedicarse a un trabajo menos peligroso. ¿Cómo reacciona usted?
   a. No se sorprende porque sus amplios contactos en el medio ya le han indicado que está buscando otro trabajo.
   b. Queda un poco sorprendido pero ya había percibido que no se sentía a gusto.
   c. Muy sorprendido. No tenía la menor idea.
9. Usted escucha un rumor de que uno de sus mejores clientes está por cambiarse a su competidor. ¿Dónde escuchó ese rumor?
   a. Se lo dijo su brazo derecho, quien lo escuchó de su brazo derecho; su red siempre le comunica este tipo de información con rapidez y exactitud.
   b. Se lo informó su esposa, que lo escuchó en un almuerzo.
   c. ¿Rumor? ¿Qué rumor?
10. Usted nunca quiso entrar al negocio de casinos, pues atrae mucho la atención de las agencias federales, pero conoce a un político en quien confía y que tiene influencia para minimizar el escrutinio federal. Usted:
    a. Inmediatamente cambia su plan estratégico y entra al negocio de casinos.
    b. Forma un comité para estudiar la factibilidad de participar en el negocio de casinos.
    c. Se atiene a su estrategia actual y evita el negocio de casinos porque está temeroso de intentar algo con mucho riesgo en el pasado.

Calificación:

Más de ocho respuestas a, Tony lo hará su brazo derecho.
Mitad de a y de b, Junior necesita un ayudante.
Casi todas c, usted puede ser el asistente del gerente de un club desnudista.

VENTAJAS DE LA ESTRUCTURA SOPRANO

Si bien la prueba anterior es sólo ilustrativa, es muy indicativa de por qué el grupo de Tony funciona con tanta efectividad. Como lo dije antes, la excelente estrategia de negocios de Tony y la forma cómo genera confianza y lealtad contribuyen mucho a la efectividad del equipo. La claridad, simplicidad y adaptabilidad son los elementos más obvios de su estructura, pero hay otros tres aspectos de la organización Soprano que también contribuyen a su habilidad para alcanzar metas y producir resultados. Veamos estos cinco elementos en forma individual para determinar cómo podría usted capitalizarlos:

1. Claridad y simplicidad.
2. Adaptabilidad.
3. Comunicación fluida.
4. Un proceso para resolver conflictos.
5. Rituales.

Claridad y simplicidad

Muchos líderes echan de menos los tiempos en los que sabían con exactitud quién era responsable de qué en su organización, cuando los equipos no trabajaban en rutas paralelas y no tenían que consultar un manual corporativo del grueso de un directorio telefónico para saber qué podían hacer y qué cosas no se les permitían. Por consiguiente, la organización de Tony representa un retorno a los días de claridad y simplicidad. También evita en buena parte uno de los problemas del enfoque tradicional: ser demasiado simple para lidiar con efectividad con las áreas grises que siempre surgen.

Al observar a Tony y su gente ganar dinero, seguramente usted se maravilla de la claridad de sus procesos de trabajo. Siempre hay alguien responsable sin ambigüedades. Todos saben a quién acudir por ayuda o para tomar una decisión. El capitán y su cuadrilla conocen bien sus objetivos y se abocan a ellos con rapidez y eficiencia. Esto contrasta con muchas organizaciones donde las metas o resultados esperados no están claros. Conozco una empresa que se ha pasado meses desarrollando diez indicadores clave de desempeño, pero las mediciones de dichos indicadores eran tan complejas que nadie las podía aplicar. La compañía terminó revisando la lista al siguiente año, pero al final, cuando llegó el momento de otorgar los bonos relacionados con esos indicadores y mediciones, la gente comenzó a cuestionar las mediciones y los datos derivados de las mismas.

La estructura de Tony también se centra en el aspecto de rendición de cuentas poco claras. En organizaciones con estructuras complicadas o matriciales, la gente encuentra rincones para ocultarse o chivos expiatorios cuando las cosas no resultan. La relación de subordinación múltiple o equipos con responsabilidades compartidas dificultan descubrir quién está a cargo y quién puede tomar una decisión. Si bien las organizaciones matriciales son muy útiles en algunos aspectos, también requieren aclarar y reaclarar los papeles, rendición de cuentas y autoridad para tomar decisiones. Pueden enturbiar las aguas de la toma de decisiones en culturas adversas a los conflictos, pues nadie quiere reconocer que un individuo tiene más poder que otro. Como resultado, se comparte el poder de toma de decisiones y esto desemboca en situaciones de coliderazgo, del tipo que Tony detesta (como se aprecia, por ejemplo, en la sugerencia de compartir el poder con Junior).

La rendición de cuentas es muy clara en el grupo de Tony. Existen consecuencias graves cuando alguien no logra lo que se supone que debe hacer o cuando algo es tabú. Si bien no estoy sugiriendo que a los empleados se les dé un tiro en la cabeza cuando no logran su cometido, un pequeña pero saludable cantidad de temor es un motivador muy fuerte. En la actualidad, en algunas organizaciones el personal no está especialmente temeroso de ser despedido, pues se requiere documentar muy bien cualquier despido justificado. Los aumentos de sueldo y las promociones tienden a ser más limitados en estos días, por lo que el temor a no lograr un buen bono no es tan motivador como alguna vez lo fue. No obstante, en un sistema adecuado, los jefes pueden establecer consecuencias específicas relacionadas con la rendición de cuentas, que motivan a los subordinados a "respetar" sus responsabilidades. Al aclarar bien los papeles y funciones y fijar sanciones negativas cuando alguien se sale de la raya o quiere operar como lobo solitario, los líderes pueden incrementar las probabilidades de que la gente haga lo que se supone que debe hacer. Mientras no exista ambigüedad en estas consecuencias — por ejemplo, la organización no promueve a individuos valiosos que se rehúsan a jugar en un equipo — la gente responderá de manera positiva.

Adaptabilidad

Las organizaciones han hecho esfuerzos en años recientes para volverse más flexibles, basándose en muchos aspectos, desde estructuras más planas hasta procesos que permiten a ciertos individuos y equipos de trabajo pasar por encima de la burocracia para tomar decisiones rápidas. Con demasiada frecuencia, sin embargo, estas innovaciones proporcionan adaptabilidad solamente de nombre. Muchas veces, se percibe que los programas empresariales de flexibilidad-facilitación son una simple fachada, la gerencia no desea que la gente se desvíe de los enfoques tradicionales sin pasar por un largo proceso de aprobación. Como resultado, la mayor parte de los empleados no aprovecha las oportunidades de adaptarse.

A primera vista, la estructura de Tony no parece alentar las actitudes o comportamientos flexibles. Su organización descendente tiende a poner a la gente en cajones, definiendo sus papeles y responsabilidades con tal claridad que no se les permite adaptarse como lo dictan las situaciones, por temor a cruzar límites. Sin embargo, Tony le da a su gente un grado importante de libertad para violar estos límites si les permite resolver problemas y, por encima de todo, a generar más dinero. De hecho, cuenta con un sistema paradójico en el que la gente está restringida por la estructura pero se le alienta a violarla si el sentido común les indica que debe hacerlo. Claro está, más vale que las tropas de Tony puedan justificar sus violaciones o pagarán el precio. No obstante, su gente conoce las reglas y sabe que el sistema de Tony acepta violaciones cuando están justificadas.

De cierta manera, esto representa lo mejor de dos mundos. La estructura explícita proporciona claridad de papeles y responsabilidades, pero la libertad implícita de los roles y responsabilidades — cuando dicha libertad es justificable — ofrece oportunidades para ajustarse a las circunstancias cambiantes. Quizás más empresas deberían adoptar esta estructura paradójica si desean lograr una "flexibilidad justificada". Por supuesto que Tony tiene una ventaja, porque se asegura que todos los miembros de la organización comprendan y respeten los objetivos, y los límites. Tony le da a la gente libertad para ser flexible porque se ha asegurado que conozca lo que puede y no puede hacer.

TONY Y LA INCULCACIÓN DE REGLAS EN LA CULTURA

"Yo no hago las reglas. Siempre han estado allí"

Comunicación fluida

Aunque exploraré más el tema de la comunicación en el Capítulo 6, quisiera enfatizar la manera en que la estructura de Tony suele crear un buen flujo de información, tanto ascendente como descendente, a través de la gráfica de la organización. Tony se ha asegurado que toda su gente entienda la psicología de esta estructura. En otras palabras, todos reconocen estar atados como los escaladores de una montaña y que si uno cae, todos caerán. Incluso el asociado de más bajo nivel se siente conectado a sus iguales, al jefe y a la familia en general. El comportamiento de Tony es un modelo de los valores de estas conexiones. Aunque Junior es una molestia, Tony cede para incluirlo en la familia. Si bien sabe que Richie es un psicópata, lo trata con justicia mientras Richie no lo presione demasiado. Como las actitudes y acciones de Tony hacia todos están basadas en sus posiciones en la estructura general, ésta genera respeto.

Como resultado, la información y las ideas suelen fluir con facilidad. La gente se siente muy conectada a los otros miembros de la familia como para ocultar información importante, aunque hay algunas excepciones — recientemente, Paulie se ha vuelto malhumorado y está más reticente con Tony. A pesar de ello, existe una apertura notable, no sólo en términos de compartir buenas noticias, sino también las malas. Es por eso que, temporada tras temporada, la gente de Tony parece prosperar mientras otros no lo logran.

TONY Y LA NECESIDAD DE APERTURA Y HONESTIDAD

"Pongamos las cartas sobre la mesa"

Si usted es como la mayoría de los ejecutivos, ocasionalmente se frustra porque su conocimiento se "atora" en muchos rincones corporativos. Un individuo cree estar en mejor posición atesorando ideas, compartiéndolas solamente cuando siente que se beneficiará al hacerlo. Los miembros de un equipo mantienen para sí sus investigaciones y descubrimientos, por temor a que un equipo competidor los capitalice y se aproveche de su trabajo proponiendo una idea antes que ellos. O bien un cierto departamento se rehúsa totalmente a comunicarse consistente y abiertamente con otro, basándose en años de antipatía mutua. Por desgracia, compartir información no es parte de la cultura ni de la actitud individual de la mayor parte de las organizaciones.

Si bien la estructura de Tony no elimina la tensión entre las diferentes facciones ni los egoísmos individuales, sí ayuda a minimizarlos. En la mayor parte de los casos, la gente de Tony reconoce que le va mejor comunicando la información importante con rapidez al individuo que está por encima o por debajo de él. Quizás no siempre les guste compartir, pero Tony se asegura que sepan que la alternativa les gustará mucho menos.

Un proceso para resolver conflictos

Cuando surge un problema importante entre individuos o grupos de una organización, nadie sabe qué hacer con exactitud. Típicamente, se efectúa una serie de reuniones para resolver el problema; los líderes se reúnen por separado y en conjunto con los individuos involucrados. Sin embargo, algunas veces, los líderes no hacen nada, con la esperanza que el problema desaparezca por sí solo. En otros casos, la gente es transferida a otros grupos o el líder aplica las normas e insiste en que el pleito cese de inmediato. No obstante, es rara la ocasión en que existe un proceso sistemático para resolver conflictos que todo mundo entienda y acepte.

Tony posee este tipo de proceso y constituye un elemento estructural de su organización. Este proceso debe haber nacido de la necesidad.

Cuando se está lidiando con criminales violentos y se carece de un proceso de resolución de disputas, el resultado más probable es que éstas se resuelvan con sangre. Para evitar esta consecuencia, el grupo de Tony utiliza un proceso de sentarse a discutir en una sesión de confrontación, cuya mecánica se detalla a continuación.

MECÁNICA DE UNA SESIÓN DE CONFRONTACIÓN

Reglas básicas

- Una sesión de confrontación puede ser solicitada por cualquier miembro de la organización.
- Es facilitada por un mediador confiable (consigliere, subjefe, etc.) y algunas veces por el jefe general.
- La decisión del mediador es obligatoria y debe ser ejecutada.

Proceso

- El disparador es la solicitud de un individuo.
- La sesión es programada por el mediador acordado/designado previamente.
- El mediador puede averiguar los hechos antes de la sesión. Esto implica hablar con las partes en disputa y/o con los directamente involucrados en la situación.
- El individuo que solicitó la sesión lleva a su jefe y lo mismo hace la persona con la cual se originó la disputa.
- Ambas partes exponen los hechos. El mediador intenta facilitar una resolución con acuerdos claros y los siguientes pasos. Si no se puede llegar a una solución, el proceso pasa al siguiente eslabón de mando. El jefe de las dos partes facilita esta sesión. Si aún no hay resolución, se programa una tercera sesión con el siguiente nivel gerencial superior y así sucesivamente.

El mejor y más humorístico ejemplo del proceso tuvo lugar cuando Johnny Sack se entera por Paulie que Ralph ha estado haciendo chistes sobre el peso de la esposa de Johnny en una cena. En el mundo de la mafia, una de las reglas clave es que no se falta al respeto a la esposa, hija o madre de alguien. Si usted le falta al respeto a la mujer, también lo está haciendo con el hombre. Johnny primero desahoga su ira golpeando a uno de los soldados de Ralph. Cuando Tony se entera, conmina a Ralph a calmarse pero sin disculparse con Johnny; una disculpa sería una admisión de culpabilidad. Cuando esta estrategia no funciona, Johnny acude a Carmine para solicitar un castigo terminal contra Ralph. Básicamente, Carmine le dice que actuará en el asunto, pero que Ralph es demasiado valioso como para eliminarlo. Buscando todavía una venganza, Johnny solicita una sesión de confrontación pretendiendo buscar la solución a un problema del esquema de empleados aviadores en los contratos de Esplanade. A la sesión asisten Ralph, Tony, Johnny y Carmine. Johnny termina saliéndose. El proceso pasa entonces al siguiente nivel y se efectúa una sesión sin Ralph pero con Tony (jefe de Ralph), Junior, Johnny, Carmine (jefe de Johnny) y Sil como mediador. En este caso, Carmine tiene la última palabra y le ordena a Johnny que se olvide del asunto. El punto se discute una y otra vez hasta que Johnny acepta la solución.

Es indudable que este proceso estuvo marcado por una cierta cantidad de animosidad y vacilación. Y sin embargo, permitió que las dos partes ventilarán sus emociones, sentir que algo habían logrado y pasar a la resolución del conflicto. Con mucha frecuencia, a la gente de las organizaciones se le prohíbe expresar sus sentimientos o bien el jefe decide unilateralmente cómo terminar el conflicto. Desde un punto de vista psicológico, esto es muy insatisfactorio. Johnny pudo no haber quedado feliz de no poder matar a Ralph, pero cuando menos sintió que había sido escuchado y que se reconocieron sus sentimientos.

La decisión de una sesión de confrontación es obligatoria y debe ser obedecida. Este hecho conocido hace que la gente se tome este tipo de sesiones con gran seriedad. Aunque algunas empresas cuentan con sistemas de resolución de conflictos, pocas personas se los toman con seriedad, pues sus decisiones no son obligatorias. Las decisiones emanadas de una sesión de confrontación no sólo son obligatorias, sino que, además, una vez alcanzadas, no se vuelven a discutir. Es también un método sorprendentemente democrático y versátil para resolver conflictos. Cualquiera puede pedir una sesión de confrontación sobre cualquier asunto, desde la aclaración de nuevos negocios hasta el establecimiento de límites territoriales.

Muchas organizaciones carecen de un proceso para resolver conflictos. En algunos casos, éstos se resuelven con la intervención de un gerente. Como se trata de un enfoque ad hoc, con frecuencia tiene poco peso con los empleados. En otras ocasiones, los conflictos se agravan fuera de control antes de que alguien haga algo. Se intercambian memos iracundos, correos electrónicos insultantes y correos de voz altisonantes, los rumores sobre el conflicto se filtran a todos los rincones, se malinterpretan los hechos y se hieren sentimientos antes de que un gerente finalmente intervenga. Por lo general, Tony Soprano cita a una sesión de confrontación antes que los conflictos se eleven a la etapa de crisis y se hayan producido daños irreparables.

XYZ, una organización global, eliminó las funciones de marketing y manufactura del control del gerente general de cada país para lograr economías de escala. Centralizaron estas funciones en centros de servicio compartidos. Invariablemente surgieron conflictos, pues los gerentes generales ya no podían controlar sus propios recursos y las interacciones cara a cara eran muy poco frecuentes (debido a las distancias geográficas entre los gerentes generales y los centros de servicio). Peor aún, esta empresa tenía una cultura de "caballeros" en la cual se evitaban los conflictos abiertos y su resolución. A la gente se le alentaba a buscar un consenso y se desalentaba airear sus agravios y discutirlos abiertamente. Como resultado, los conflictos surgidos de este cambio con los centros de servicio permanecían soterrados. Los gerentes generales sentían que estaban perdiendo el control de sus recursos y que éstos no se asignaban equitativamente, pero sólo expresaban protestas atenuadas a los centros de servicio. No querían agitar las aguas y ello creó ineficiencias de marketing y manufactura.

XYZ podría haber usado un proceso de confrontación para sacar a la luz los conflictos ocultos y resolverlos. Si usted está interesado en integrar este tipo de proceso a su empresa, puede proceder como sigue.

DESARROLLO DE SU CONFRONTACIÓN COMO PROCESO GERENCIAL

Paso 1

Decida el propósito del proceso de confrontación. ¿Es para resolver cualquier tipo de conflicto o disputa o sólo para una clase específica de conflictos? ¿Quiénes pueden utilizar el proceso? ¿Cuáles serán las reglas básicas?

Paso 2

Decida que disparará que se programe una sesión. ¿A quién le dirá que quiere tener una sesión de confrontación? ¿Qué se necesita hacer para proceder?

Paso 3
Decida quiénes serán los mediadores y cómo se realizará la investigación de hechos previa a la sesión. Quizás querrá definir por anticipado las preguntas que planteará.
Paso 4
Decida las consecuencias de no adherirse a los acuerdos alcanzados en las sesiones. Asegúrese que todos, incluyendo los gerentes, acepten no anular los acuerdos logrados.
Paso 5
Proporcione capacitación de habilidades de facilitación y mediación.
Paso 6
Comunique el proceso a todos los que puedan resultar afectados.

Rituales

Una parte integral de la estructura organizacional de Tony es la de los rituales. Muchas empresas de la actualidad han eliminado las ceremonias y actividades extracurriculares que tienden a unir a la gente. Los días de campo, reuniones en fiestas, reconocimientos (tales como "vendedor de la semana"), celebraciones de cumpleaños y otros aspectos no laborales de la cultura de una empresa han ido desapareciendo con mucha frecuencia. En algunos casos, estas actividades se eliminan por razones de costo, mientras que en otros, las organizaciones se fusionan y los rituales tradicionales ya no parecen relevantes. Algunas compañías piensan que estas actividades son una pérdida de tiempo o simples reminiscencias del pasado.

Por desgracia, cuando las empresas desaparecen, estos rituales también eliminan el aglutinante emocional que une a la gente. Las empresas se convierten en lugares de trabajo estériles cuando lo único que promueven es el trabajo. Las tradiciones tangenciales no relacionadas directamente con el trabajo suelen ser muy importantes para la permanencia de los empleados; los eventos como las fiestas y los días de campo humanizan a los jefes; permiten que los empleados y algunas veces sus familias se conozcan entre sí; les dan a todos la oportunidad de jugar juntos en vez de sólo trabajar juntos. Todo esto afianza relaciones y beneficia indirectamente a la habilidad de la empresa para retener y atraer a la gente; también propicia mejores comunicaciones.

Tony y su equipo comparten un lenguaje, suposiciones y filosofía comunes. Algunos podrían decir que esto se debe a su uniformidad étnica, así como al hecho de que todos son hombres. Si bien esto puede ser cierto hasta un punto, el principal aglutinante que los mantiene unidos es el de los rituales — rituales que están integrados a la rutina del trabajo y son partes cruciales del sentido de pertenencia a la organización. Entre los rituales de la familia Soprano se incluyen:

- Celebraciones por ascensos.
- El jefe puede ser el padrino del hijo de un subordinado.
- Fiestas en el Bada Bing cuando alguien sale de la cárcel.
- Contribuciones (pasar el sobre o cualquier cosa que se haya caído del camión) en funerales, graduaciones, cumpleaños.
- La fiesta anual para los niños.
- Cenas los domingos con Tony.

Los rituales corporativos son para todos los niveles y cubren toda la gama, desde retiros anuales para ejecutivos y sus familias, hasta torneos de golf y funciones de caridad patrocinadas por la empresa. Una organización tenía como ritual un juego de softbol programado para todos los viernes durante el verano. Es una compañía muy competitiva que ha adoptado la filosofía "trabajar duro y jugar mucho". El ritual permite que la gente libere presiones, brinde con cerveza después del juego y vea a los líderes divirtiéndose y haciéndose burlas al dejar caer la pelota. Otra empresa patrocina una reunión anual que incluye una elaborada ceremonia de premiación para honrar a los empleados de mejor desempeño. Esta compañía tiene una cultura cálida enfocada en las relaciones, que esta ceremonia sirve para reforzar. Después de otorgar cada reconocimiento, la ceremonia hace un alto y todos se dirigen hacia el ganador, abrazándolo, besándolo y en general tratándolo como si hubiera anotado un gol en el último minuto del partido.

Tony respeta las tradiciones de su familia y las incorpora fluidamente al negocio. También es importante señalar que se toma el tiempo necesario para asegurarse que estos rituales se lleven a cabo de la mejor manera posible. Tómese un momento y analice si sus actitudes y acciones con respecto a los rituales están a la altura de Tony.

¿Conoce los rituales de su empresa? ¿Tiene la compañía fiestas y celebraciones anuales o excursiones y si es así, qué las hace especiales y únicas? ¿Hay eventos de caridad que su empresa patrocine y que requieran la participación de los empleados? ¿Existen retiros anuales para ejecutivos u otros grupos de la empresa?

¿Qué hace usted para facilitar y honrar estos rituales? ¿Efectúa celebraciones con su gente cuando alcanzan una meta o terminan un proyecto importante? ¿Alienta al personal a participar en los rituales de la empresa y participa usted mismo?

¿Puede pensar en nuevas actividades o ceremonias que podría celebrar si su empresa es deficiente en rituales? ¿Alguna vez ha invitado a un grupo a un asado o a un juego? ¿Alguna vez ha llevado a su gente a un estadio deportivo o a una carrera de caballos? ¿Alguna vez ha propuesto actividades que permitan a la gente relacionarse entre sí en entornos no laborales?

ESTRUCTURACIÓN DE SU PROPIO EQUIPO, DEPARTAMENTO U ORGANIZACIÓN

Las sugerencias para estas cinco áreas estructurales son tan aplicables para los directores ejecutivos como para los equipos pequeños. Bien que su meta sea reestructurar toda la organización o sólo modificar la forma en que opera su pequeño grupo, puede instrumentar ideas inspiradas en Tony en la escala apropiada para usted. Puede suceder que lo único que le sea razonablemente posible llevar a cabo por el momento sea el establecimiento de algunos rituales básicos para su grupo, lo cual ya sería muy bueno. También es posible que tenga la oportunidad de usar algunos de estos conceptos — quizás tenga una gran necesidad de un enfoque de resolución de conflictos con sesiones de confrontación, así como facilitar comunicaciones más abiertas entre su personal.

Cualquier cosa que decida hacer, espero que el estilo de Tony para lidiar con los aspectos estructurales le ayude a repensar sus propias actitudes sobre las operaciones de grupos. Cuando menos, lo deben llevar a repensar algunos de los supuestos básicos sobre este tema y considerar diversas alternativas a las estructuras tradicionales. O, como lo expresaría Tony.

AJÁ ESTRUCTURAL DE TONY

No se ponga muy elegante con la forma de organizar las cosas y asegúrese que sea tan flexible como los músculos de una bailarina del Bada Bing.

4

Coach de jefes y tropas

En años recientes, la labor de coaching se ha convertido en una habilidad de liderazgo muy importante. Sin embargo, para muchos líderes no es una habilidad natural. Pueden ser muy buenos en dar órdenes pero no tanto en el arte sutil de convencer y ejercer influencia, de ofrecer consejos y compartir su sabiduría para alcanzar metas grupales y un mayor desarrollo profesional. Por esta razón han surgido en pocos años miles de programas de entrenamiento para ayudar a los ejecutivos empresariales a desarrollar habilidades como coaches. Los programas cubren toda la gama, desde los procesos de tres a diez pasos, hasta la emulación de las cualidades Zen del entrenador de los Lakers Phil Jackson. Si bien estos programas suelen ser efectivos, algunas veces complican las cosas más de lo necesario. Si usted les pregunta a los empleados que quieren de su jefe como coach, le dirán que debe:

- Interesarse por la gente.
- Escuchar y desear oír lo que tienen que decir.
- Proporcionar retroalimentación para saber dónde están y qué se espera de ellos.
- Hacerles saber qué necesitan hacer para crecer y ser promovidos.
- Dejarles hacer su trabajo pero ayudarlos cuando lo necesiten.

Tony Soprano hace todo esto. No siempre lo hace a la perfección — puede perder la paciencia con su gente y se basa demasiado en el temor como técnica motivacional — pero es hábil para aconsejar de manera simple, compasiva y efectiva. Lo hace a través de:

- Ofrecer a su gente que siempre hablará claro — ellos sabrán de inmediato cuando se hayan equivocado.
- Proporcionar retroalimentación específica sobre las expectativas de desempeño, redirigiéndolo cuando sea necesario.
- Aclarar lo que se requiere para avanzar.

Examinemos cada una de las fortalezas de coaching de Tony y cómo puede usted aprovecharlas.

Hablar claro

Algunas veces, los líderes no dicen lo que realmente quieren decir, pero Tony no se guarda las palabras. Cuando su gente se está saliendo de línea y quiere que restablezcan el curso, es brillante en dispararles — en sentido figurado la mayor parte de las veces. Es de notarse que Tony no es opresivo cuando le habla claro a su gente, en gran parte debido a que lo hace en el momento oportuno y es muy específico.

TONY Y DECIRLO TAL CUAL ES

"Odio la chingada manera en que me obligas a que te esté jodiendo"

En una escena, Tony y Christopher están en el automóvil del segundo y Tony sabe que Christopher ha estado pasando por una especie de crisis de identidad. Una investigación federal en proceso ha resultado en historias en los medios en las que se mencionan los nombres de otros miembros de la pandilla, pero no incluyen el de Christopher. Está preocupado de no lograr las metas de su carrera y como resultado de sus temores, está actuando de manera extraña. Tony le reprocha su comportamiento diciéndole, "Estamos bajo un microscopio y tengo que oír en la calle que le disparaste a un civil en el pie porque no querías esperar por tu pan". Christopher trata de dar una excusa pero Tony lo calla. Tony continúa entonces diciendo que "Georgie (un asociado en el equipo de Christopher) tiene vómito en la camisa...porque estaban desenterrando el cuerpo de alguien a quien asesinaste hace tres meses". Christopher intenta disculparse nuevamente y Tony le vuelve a decir que se calle.

Tony termina diciendo, "La gente hace ese tipo de mierdas porque desea que la atrapen...Lo he visto antes...Son atrabancados...tu quieres ser un chico grande malo".

Quizás pensará que Tony está siendo demasiado duro como coach. Obviamente, usar obscenidades y decirle a sus subordinados que se callen no son las técnicas de coaching que recomendaría (por lo menos no en la mayor parte de las circunstancias). Recuerde, sin embargo, que Tony adopta su estilo en un contexto diferente al suyo o al mío, y que simplemente está usando el lenguaje de su cultura. Trate de olvidarse de estos detalles y reconozca que su coaching es muy efectivo en estas circunstancias. No estaba usando un modelo de cinco pasos para darle retroalimentación a Christopher. Tony era consciente de la importancia de hablar con Christopher claramente, conociendo el peligro de que su mente siguiera divagando. Le tomó a Tony no más de tres frases explicar el punto. Tony también habló en términos específicos; su lenguaje florido y las referencias a incidentes clave aseguraban que Christopher entendería los hechos y que no podía negarlos. Aunque la negativa de Tony a oír las excusas viola algunas reglas enfáticas del saber escuchar, era una violación necesaria. Christopher entendió que había cometido un error y Tony deseaba que se responsabilizara de dicho error. La situación era clara y directa, y Tony no quería que Christopher pensara que se podía escapar fácilmente del problema. Como coach, Tony buscaba que Christopher reconociera lo inaceptable de su comportamiento y la mejor manera de lograrlo era por medio de un lenguaje directo que no dejara lugar a ambigüedades.

Expectativas de desempeño

Un buen coaching también incluye crear y comunicar estándares y expectativas de desempeño. He trabajado frecuentemente con equipos y si se les pregunta a cinco de sus miembros cuáles son sus expectativas de desempeño, se reciben cinco respuestas diferentes. Muchas veces, los líderes no son explícitos sobre lo que esperan de su equipo. En algunos casos suponen (falsamente) que el equipo sabe lo que se espera de ellos. En otras situaciones son deliberadamente vagos, temerosos de que, si conocen las expectativas las personas, se sentirán intimidadas o no dedicarán el tiempo y el esfuerzo necesarios para superar dichas expectativas. Cualquiera que sea la razón, los líderes se quedan cortos como coaches cuando su gente no sabe lo que se espera de ella o tiene falsas expectativas.

Tony se asegura que su gente sepa lo que se espera de cada uno y sus lugartenientes insisten a su vez con su personal que tengan claro lo que se les pide. Las expectativas claras tienen un efecto de percolación: Cuando la persona en la cima insiste en la claridad, el siguiente nivel de gerentes también tiende a fijar expectativas claras. Paulie, por ejemplo, le hace saber a Christopher con exactitud cuál debe ser su contribución. Christopher, al convertirse en miembro pleno, le reporta a Paulie, quien le dice que debe obtener seis mil dólares. Paulie es muy claro en cuanto a los resultados que espera. Poco después, Christopher le presenta a Paulie cuatro mil dólares; Paulie le responde que la cantidad es inaceptable. Congruente con su estilo, Christopher le dice que necesita un par de días para reunir el resto pero que "ha aprendido una lección valiosa". Paulie no quiere escuchar más excusas y le dice "Mira muchacho, no dirijo una escuela". Aunque Paulie le otorga el tiempo adicional solicitado, obliga a Christopher a pagar el precio de su mal desempeño al cobrarle una multa de retraso por los dos mil adicionales. De esta manera, Paulie nos proporciona otra lección de coaching: Aplique consecuencias negativas cuando no se cumplen las expectativas.

Qué se necesita para progresar

Entre a cualquier organización y escuchará a los empleados gruñendo por no haber sido promovidos o no progresar con la rapidez que desean. Para muchos, progresar es un misterio, incluso después de haber sostenido largas y repetidas conversaciones con sus jefes sobre el proceso de promoción. Por desgracia, sus jefes han actuado trivialmente con muchas promesas vacías. Les han dicho cosas como:

- Sólo sigue trabajando duro y te llegará el momento.
- No sé, pregúntale a recursos humanos.
- No estoy seguro de poder expresar en palabras lo que tienes que hacer, pero lo sabré cuando suceda.
- He estado luchando por tu promoción, pero mi jefe (o recursos humanos) dijo que no. Supongo que no tenemos dinero por el momento.

En las dos primeras temporadas, Christopher luchó denodadamente para convertirse en un miembro pleno. Aunque Tony nunca ha aclarado en detalle los criterios para ser un miembro pleno de la pandilla, le informa a Christopher que se abre un cierto número de puestos cuando los altos jefes "abren los libros". En este punto, los capos dan sus recomendaciones. Durante la primera temporada del programa, Christopher saca a colación el asunto incluso después de haber sido reprendido por raptar camiones de Junior. Tony le aclara a Christopher que "...los libros están cerrados y no estamos aceptando nuevos miembros". Después de instruir a Christopher para que restituya los bienes robados a Junior, Tony le dice "...tienes una reputación de inmadurez y no mejorará si no pagas los tributos que el jefe te exige". En este caso, Tony no lo apoyará para pasar a ser un miembro pleno porque continúa siendo un pistolero loco y los demás no lo respetarán si sigue comportándose de esa manera.

Tras otro incidente con un camión raptado que Christopher no pudo impedir, Tony le ofrece consejos aún más específicos sobre lo que se requiere para progresar: "¿Hiciste algo para impedirlo [el rapto]? ¿Ofreciste consejos? ¿Qué significa cuando hablamos de liderazgo?" Tony le está enseñando a Christopher una lección valiosa; le está diciendo que un miembro pleno no hubiera simplemente negado estar involucrado en el rapto, sino que hubiera intervenido e impedido una acción que sabía que sus jefes no aprobarían. Como cualquier buen coach, Tony está proporcionando un aprendizaje "oportuno", usando un problema real de negocios para demostrarle a Christopher los criterios de promoción. De esta manera, se está centrando no sólo en el desempeño actual de Christopher, sino también en su potencial para un papel de liderazgo en el futuro.

Tony es sumamente astuto cuando se trata de aconsejar a gente difícil pero talentosa. Por ejemplo, Ralph es un gran generador pero una persona "difícil" para trabajar con él. Ralph se queja con Tony de no haber sido promovido a capitán y Tony maneja la confrontación con brillantez. En un momento dado, la mayor parte de los líderes se enfrentan al dilema de promover a una estrella individual que trabaja en forma pésima en un equipo o arriesgarse a perder esa estrella si no se le promueve.

Cuando Tony pasa por encima de Ralph para nombrar un capitán, se sienta con él y le comunica la noticia, explicando que está promoviendo a Gigi a capitán en preferencia a él. Habla con Ralph de su mal genio y cita varios ejemplos de malas decisiones. Ralph reacciona con furia, recitando la familiar letanía de cómo "se ha partido la espalda" para generar mucho dinero. Posteriormente, Ralph vuelve a hablar del tema de su promoción en un momento muy poco adecuado, pues recientemente había golpeado a una desnudista hasta causarle la muerte. Tony le recuerda sabiamente su mal carácter, diciéndole que le faltó el respeto al Bing y que esa es otra razón para no haber sido promovido.

A diferencia de muchos líderes, Tony no actuó como coach de Ralph haciendo falsas promesas sólo para retenerlo por más tiempo. Tampoco lo atacó verbalmente como medio para acorralarlo y obligarlo a comportarse. En vez de eso, fue honesto con Ralph sobre las razones para no haber sido tomado en cuenta en la promoción y los criterios claros aplicados.

Éste es el tipo de conversación difícil que una gran mayoría de líderes debería utilizar. Tony decide decirle a Ralph en qué posición está y lo que necesita hacer de manera diferente para progresar. Ciertamente, sabe que Ralph no va a ser receptivo a este mensaje y que reaccionará de manera negativa al principio, pero el objetivo general de Tony consiste en desarrollar las habilidades de liderazgo de Ralph y sabe que la conversación es necesaria para ello.

CÓMO SER IMPERFECTAMENTE EFECTIVO

Al estar leyendo esto, quizá esté teniendo problemas reconciliando la agresividad de Tony con el concepto de un buen coach. Si bien infundir temor es una de las técnicas de coaching de Tony y tiene una tendencia a ser poco efusivo (que molesta particularmente a Christopher), también sabe con quién está actuando como coach. Sabe que sus subordinados directos son hombres duros, criminales empedernidos que requieren una cierta cantidad de intimidación; es parte del sistema. Cuando se actúa como coach es necesario conocer bien a los receptores. Los líderes saben que ante un grupo de jóvenes técnicos de primera línea, su coaching tiene que ser diferente a la forma de hacerlo ante un grupo de vendedores veteranos. El estilo intimidante de Tony funciona bien con su grupo porque ellos aceptan dicho estilo como parte integral del hecho de ser jefe. Y también saben que pueden reclamar (dentro de ciertos límites) cuando Tony pierde la ecuanimidad sin ser castigados por ello. Son conscientes de que Tony se calmará y estará dispuesto a escucharlos.

Como no hay un coach perfecto, es de esperarse que se cometan errores al relacionarse con la gente. Usted dirá y hará cosas equivocadas cuando actúe como coach de su personal, pero si ha hablado sin tapujos, aclarado las expectativas y explicado qué se necesita para progresar, le perdonarán sus errores y estarán dispuestos a ser aconsejados. Estas tres fortalezas del coaching le muestran a la gente que se puede contar con usted. Cuando esté tratando de guiar a un subordinado en una situación de crisis o cuando se enfrente a una decisión de carrera importante, sabrá que dependerá de usted para dirigirlo y apoyarlo. ¿A quién estaban esperando Paulie y Christopher para que los salvara cuando estaban perdidos en el bosque en el episodio "Pine Barrens"? Cuando Christopher se convierte en miembro pleno, Tony le dice, "Tráele tus problemas a Tony; él los resolverá".

Una buena parte de la efectividad de un coach es darle a conocer a su gente que, cuando esté en problemas, pueden acudir a usted en busca de ayuda, en vez de esperar a que usted detecte los problemas e intervenga. El grupo de Tony puede tenerle miedo al jefe, pero no tiene temor a solicitar su ayuda.

Para ayudarlo a ser un coach de una manera imperfectamente efectiva, proceda como sigue:

1. Describa las características generales de la gente que le reporta:
   - ¿Son duros como las uñas o blandos como malvaviscos?
   - ¿Son de pensamiento moderno o viejos tradicionalistas?
   - ¿Son muy ambiciosos o están más interesados en mantener el status quo?
   - ¿Son de piel gruesa o del tipo vulnerable?
2. Considerando las características generales de su gente, trate de adaptar su estilo de coaching a dichas características; determine cuán duro puede ser, cuánto coaching cara a cara pueden tolerar, etc. Si bien cada persona necesita que sus problemas y necesidades sean manejados de manera un tanto diferente, todos poseen ciertas facetas generales que pueden guiar sus esfuerzos de coaching.
3. Evalúe con honestidad si su gente acude a usted de inmediato cuando tiene problemas. Si es así, excelente. De lo contrario, necesitará

enfocar sus esfuerzos en ser directo con ellos, aclarar las expectativas y fijar los criterios de promociones.

4. Prepare una lista de sus debilidades como coach. Las siguientes son algunas de las más comunes:
   - Incapacidad para confrontar un mal desempeño.
   - Dificultades para lidiar con conflictos de personalidad.
   - No es bueno para escuchar.
   - Falta de conocimientos del área con respecto a los problemas de quien necesita coaching.
   - No muy hábil para evaluar desempeños.
   - Tiene dificultades para actuar como coach de algunos de sus subordinados.
   - Carece de autoridad para ayudar a sus subordinados a resolver un problema o aprovechar una oportunidad.
   - Es demasiado crítico.
   - Tiene dificultades para ofrecer retroalimentación positiva.
   - No antepone las necesidades de la persona.
5. Genere cuando menos dos "recursos" que puedan complementar su coaching, basándose en sus debilidades. Pueden ser pares, jefes o coaches externos. La clave consiste en llenar sus vacíos con estas dos personas.

NO CONFUNDA EL COACHING CON CONSOLAR

Cualquier ejecutivo puede aprovechar las lecciones de Tony para darle solidez a su coaching. Con demasiada frecuencia, al actuar como coaches, los líderes piensan que las personas son tan frágiles como una copa de cristal fino. Usan el coaching meramente para demostrar simpatía y empatía. Escuchan activamente y por lo general permiten que se expresen abiertamente. Cierto es que la empatía y saber escuchar son aspectos importantes, pero como bien lo sabe Tony, los subordinados pueden ser tan manipuladores como Christopher y estar tan necesitados como Paulie, y algunas veces hay que darles una pequeña cachetada (figurativamente, por supuesto) en vez de palmadas empáticas. Ser directo con sus subordinados debe ser su mantra. Tony no oculta palabras y tampoco debe hacerlo usted.

Recordará un ejemplo anterior cuando Christopher le disparó a un civil en el pie y Tony lo hizo trizas. Imagine la forma en que un jefe delicado y sensible pudo haber lidiado con esta situación usando el modelo de coaching de cinco pasos:

Paso 1. (*Establecer armonía*) "Escucha Christopher, ¿puedo hablar contigo un minuto? ¿Cómo van las cosas? ¿Cómo te estás sintiendo estos días? Quiero hablar contigo sobre un par de asuntos. ¿De acuerdo?

Paso 2. (*Especificar el comportamiento pero dejando las puertas abiertas para una explicación*) "Bien, esto puede no ser cierto y si no lo es, estoy seguro que hay una buena explicación. Alguien mencionó que le diste un tiro a un civil en un pie porque tuviste que esperar mucho por el pan". (En este punto, el líder dejará hablar a Christopher.)

Paso 3. (*Escuchar con empatía*) El líder escuchará la explicación de Christopher de su comportamiento.

Paso 4. (*Discusión del estándar de comportamiento y del impacto en usted del comportamiento del individuo*) "Dispararle a civiles es un comportamiento inaceptable, me molestó porque estamos bajo el microscopio de los federales y esto nos hace muy notorios".

Paso 5. (*Amplíe la autoestima de la persona*) "Christopher, eres un excelente proveedor de efectivo y un gran tipo. Confío en no volver a ver esta clase de comportamiento.

Como puede apreciarse, este coach tiene buenas intenciones pero malos métodos. Su Christopher no absorberá el mensaje. O cuando menos, el mensaje quedará diluido por el exceso de verborrea, los intentos de engrandecer su ego y una reprimenda moderada. Aunque esa persona puede sentir que ha sido escuchada, no se dará cuenta que cometió un error muy importante y es probable que lo vuelva a cometer en el futuro.

TONY Y LA NECESIDAD DE DESARROLLO EJECUTIVO

"¿Por qué no creces, con un carajo?"

Como coach, usted necesita seguir el ejemplo de Tony y practicar algo de crítica compasiva pero dura. Cuando alguien hace algo malo o está transitando por un camino equivocado, es necesario regresarlo a la ruta correcta con sugerencias empáticas firmes. Tony le hace saber a Christopher que el comportamiento de dispararle a civiles es inaceptable, le plantea una serie de preguntas y explora la situación para descubrir lo que está detrás de ese comportamiento errático. En ningún momento disculpa sus acciones, sino que trata de penetrar más en los aspectos que Christopher enfrenta. Tony es capaz de balancear la dureza del mensaje con la preocupación por el comportamiento autodestructivo de Christopher. Cuando Christopher menciona sus sentimientos hacia la vida, Tony se voltea hacia él y tocándolo en la cabeza, se pone en sus zapatos y le dice, "Vete a ti mismo. Apuesto que te la pasas dormido" Christopher se pregunta si podría tener cáncer como Jackie. Tony, sonando un poco como la Dra. Melfi, le pregunta "¿Te surge en la mente con frecuencia esa palabra *cáncer,* algo como...qué?" En ningún momento cae en la trampa común del coaching de dar un consejo y que el centro de la atención deje de estar en el individuo y sus acciones. Los coaches le hacen muy poco favor a su gente cuando pontifican o hablan de cómo se debería manejar una cierta situación.

Veamos dos versiones de la forma en que podría haber transcurrido la segunda parte de la conversación con Christopher si Tony fuera un tipo diferente de coach:

Versión # 1

Christopher: "Déjame explicarte. Estoy batallando con la regularidad de la vida. ¿De qué se trata todo esto?"

Tony: "Entiendo de qué estás hablando. Yo me he preguntado mucho de lo mismo. El otro día le estaba preguntando a Carmela qué es lo que hacemos en la tierra. ¿Cuál es el propósito de nuestra existencia? ¿Qué significado tiene? No te preocupes, Christopher, todo saldrá bien. Estos sentimientos pasarán. Es sólo una fase por la que estás atravesando".

Versión # 2

Christopher: "Déjame explicarte. Estoy batallando con la regularidad de la vida. ¿De qué se trata todo esto?"

Tony: "Vamos, vamos. No estarás hablando en serio. Ve todas las razones que tienes para vivir. Tienes toda una vida por delante. Eres un gran chico. Olvídate de ese asunto".

En ambos escenarios, el líder tiene buenas intenciones — se centra en consolar — pero no está realmente escuchando ni tratando de enfocarse en las necesidades de Christopher. En la primera versión, Tony está tratando de mostrar empatía hablando de una situación similar por la que pasó. Sin embargo, esto sólo sirve para desviar la atención, que debe estar en Christopher, hacia Tony. Referirse a su conversación con Carmela es muy poco relevante. En la segunda versión, Tony invalida y básicamente elimina los sentimientos de Christopher. Sin importar que los sentimientos de Christopher sean justificados o no, le están causando problemas y perjudicando su desempeño.

Si Tony entrara a una organización típica y fuera testigo de la forma en que los jefes guían a su gente, quedaría horrorizado. De hecho, si contemplara hasta qué grado los jefes están temerosos de decirle a su gente la verdad sobre su desempeño y lo que necesitan hacer para mejorar, podría preguntarse, "¿Qué carajo está pasando aquí?" Las organizaciones de la actualidad frecuentemente aplican estrategias para impulsar una mayor apertura y sinceridad en el trabajo. Sin embargo, de acuerdo a las encuestas anuales entre empleados, los aspectos con calificaciones más bajas suelen ser los relacionados con retroalimentación, coaching y claridad de la evaluación de desempeño. Los líderes tienen grandes dificultades para decirles a sus subordinados que no están a la altura esperada, por temor a la resistencia que Tony tuvo por parte de Christopher (o las lágrimas que podrían provocar en alguien). Para "ayudar" a los líderes a hablar claro con su gente, algunas organizaciones han introducido procesos obligatorios de distribución o de calificación (curvas de campana con tantos más cuantos individuos en las calificaciones superiores y muchos otros en las inferiores) en sus sistemas de administración del desempeño. Estos procesos "fuerzan" a los líderes a diferenciar el desempeño de sus empleados. Antes de implantarse este sistema en una empresa, se calificaba a más del 60% de los empleados como de alto desempeño, si bien los resultados del negocio no justificaban dichas calificaciones, además de tolerar desempeños marginales o deficientes. Tony aprobaría este tipo de sistema de calificación obligatorio, sabiendo que proporcionaría la motivación necesaria para conversaciones de coaching abiertas.

Lograr un balance entre ser un coach caballeroso y un estilo de alta presión no es fácil. El primero tiende a ser considerado como alguien fácil y cómodo como jefe, pero que generalmente no genera resultados o sólo está dedicado a ayudar a crecer a sus subalternos. El segundo logra resultados pero al precio de perder algunos de sus mejores empleados y crear terribles problemas motivacionales.

TONY Y EL COACHING CON COMPASIÓN

"Tengo noticias que no te van a gustar"

Tony parece dominar el Zen del coaching, pues ha encontrado un punto de equilibrio, un punto en el que es paradójicamente duro y gentil al mismo tiempo. Tal como lo dijo Junior en una sesión de "coaching" con Tony, "No hay una respuesta. Se capitanea el barco lo mejor que se pueda". En sus "discusiones de desempeño", Tony siempre es muy claro en que "los negocios no son un asunto personal". Pone mucho cuidado en los aspectos específicos de la situación y en lo que no se hizo bien. Aunque no le interesan las excusas de Christopher y se lo dice así, sabe escuchar, está abierto a la discusión de los hechos y es capaz de comunicar que le interesa hacerlo. Cuando resulta apropiado, le hace saber que se ha puesto en sus zapatos. Después de la mayor parte de sus tensas "sesiones de coaching", Tony siempre termina con un abrazo. Para él, ésta es la forma de reasegurarle a la gente que la relación está bien, aún cuando algún punto específico esté muy mal. De hecho, está diciendo, "El incidente ha quedado atrás, sigamos adelante y sigo teniendo fe en ti".

CONSEJOS INSTANTÁNEOS DE TONY COMO COACH

Cómo aconsejar con rapidez, eficiencia y efectividad

Una de las peores cosas sobre el coaching es que puede ser una tarea enormemente consumidora de tiempo y energía. Más de un ejecutivo se ha encontrado enredado en una serie de reuniones interminables y complejas con un subordinado que simplemente no capta el mensaje. En ocasiones parece una tarea sin final, pues los problemas resurgen sin una solución. Cuando piensa que ya ha aconsejado a una persona de manera útil, aparece otra dificultad y hay que volver a empezar.

Uno de los grandes dones del estilo de Tony como coach es su rapidez y pragmatismo. No sólo corta por lo sano cuando está ayudando a sus colaboradores a lidiar con asuntos, sino que lo logra sin hacerles sentir que los está tratando como a tontos. Si Tony pudiera aconsejarlo para manejar los diez problemas de coaching más comunes que usted pudiera enfrentar, le sugeriría lo siguiente.

Problema # 1

Usted tiene un colaborador que siempre pone excusas para no cumplir las fechas y por su mala ejecución. Nunca acepta la responsabilidad de sus acciones. Cuando usted habla con él y trata de explicarle lo que hizo mal y cómo podría corregirlo, él le da explicaciones razonables de por qué salió mal y usted queda preguntándose a sí mismo. Sin embargo, al pensar en el asunto, usted ve un patrón de comportamiento y sabe que su subordinado está gastando más energía en inventar excusas que en realizar su trabajo.

Consejo. La siguiente vez que alguien empiece a ofrecer excusas, no actúe como sintiéndose culpable. Interrúmpalo a la mitad de la frase. Eleve la voz para que sepa que usted va en serio. Golpee la mesa para darle énfasis a sus palabras. Y dígale que ya no quiere escuchar más excusas. Ni ahora ni nunca.

Problema # 2

Su colaborador de gran talento es un lobo solitario que no funciona trabajando con otros miembros de su equipo. La gente se queja de no poder trabajar con él porque es muy abrasivo y se niega a compartir información. Usted lo ha presionado para que cambie, pero está temeroso de presionar demasiado, pues tiene talento suficiente para conseguir otro empleo sin gran dificultad.

Consejo. Decida si está dispuesto a arriesgarse a perderlo. Si es así, infórmele el impacto que está teniendo y que ese no es el camino para convertirse en un "buen" ejecutivo. Si es demasiado valioso para perderlo, manténgalo alejado de todos los demás, asignándole proyectos que pueda manejar solo.

Problema # 3

Por tercera vez en los últimos meses, un subordinado se ha quejado con usted de no haber recibido una promoción que cree merecer sobradamente. Usted no piensa que esté listo para asumir una posición de mayor responsabilidad — que le ha insinuado — pero él se rehúsa a tomar su consejo y está claramente resentido, lo cual impacta en su trabajo y en la moral del grupo.

Consejo. Deje de andarse por las ramas. Dígale que no está listo y que si sigue haciendo un drama al respecto, nunca lo estará. No se salga por la tangente diciéndole que no hay puestos disponibles o que su jefe no se lo ha autorizado. Hágale saber que el impedimento es usted y por qué. Después dígale lo que necesita hacer para que usted esté dispuesto a apoyar su promoción.

Problema # 4

Está trabajando con un empleado veterano que ha estado con usted por años, pero cuyo desempeño ha decaído recientemente. Han tenido una buena relación y él obviamente se siente seguro debido a su asociación de muchos años. Este empleado simplemente está navegando las aguas sin gran preocupación, debido quizás a que le queda poco tiempo para alcanzar la jubilación, pero su actitud está afectando a los resultados del grupo. Cuando habla con él sobre su desempeño, se siente incómodo, como si estuviera siendo desleal de alguna manera, y al final no se atreve a afrontarlo.

Consejo. Sea directo y sincero. Si piensa que es un buen empleado que ha sido leal y está en deuda con él, no le estará haciendo ningún favor pretendiendo que todo está bien. Dígale qué está haciendo mal y lo que se necesita para cumplir con el trabajo. Sí, es duro y a él puede no gustarle su franqueza, pero si es listo, comprenderá que lo está haciendo para ayudarlo.

Problema # 5

Trabaja para usted alguien que es muy amable y realiza su mejor esfuerzo, pero sospecha que no es la persona adecuada para el trabajo; sus habilidades y actitud simplemente no encajan con las responsabilidades del puesto. Usted se considera responsable por haberlo asignado a ese trabajo, lo cual, combinado con sus buenas maneras y ahínco, no le permite decirle que no está funcionando.

Consejo. ¿Piensa que sería mejor si ambos resultaran despedidos? Hay muchas personas en el mundo amables y trabajadoras pero inefectivas, sólo que usted no desea que trabajen para usted. Quizás pueda encontrarle una posición en la que encaje mejor. Haga lo que sea, pero haga algo y no se siente en su silla a divagar. Mientras más espere, más difícil resultará y más daño causará.

Problema # 6

Los fondos disponibles para aumentos por mérito eran bajos este año y usted tuvo que otorgarle a un miembro destacado de su grupo (aunque no fue el de mejor desempeño) un aumento inferior al promedio, aun cuando hizo contribuciones valiosas. Cuando le anuncia el salario, él se irrita.

Consejo. De acuerdo, la vida no es justa y usted no puede controlar todo. Dígaselo claramente. También deberá reconocer sus contribuciones y quizás recompensarlo de alguna otra manera — un día de asueto, un viaje, ese tipo de cosas. Pero sea franco en cuanto a qué necesita hacer de manera diferente el año venidero. No mantenga en secreto la información sobre aumentos como si alguien estuviera grabando la conversación y lo penalizara si se supiera.

Problema # 7

Trabaja para usted un empleado de desempeño muy confiable que está pasando por un mal momento debido a un divorcio. Está enredado en la emoción y los detalles de una separación complicada. Su grupo ha tenido que entrar al quite durante dos meses y usted no sabe cuánto más puede continuar la situación antes que perjudique a todo el grupo.

Consejo. Créame, sé que este tipo de situación puede ser muy problemática. Hable con él como ser humano y no sólo como su jefe. Olvide la línea divisoria entre lo personal y lo profesional. La manera correcta de proceder es escuchar qué lo está perturbando y ser compasivo. Quizá podrá incluso sugerir que acuda a ayuda profesional. Tendrá que vigilar la situación para que no perjudique al grupo sin dejar de aconsejarle para que la resuelva. Las probabilidades son que saldrá bien del divorcio y volverá a ser el buen contribuidor que había sido en el pasado.

Problema # 8

Usted tiene un excelente colaborador que está sobrepasándolo. Es excelente en todo lo que se le asigna y logra que la gente que lo rodea también funcione mejor. Obviamente, usted se siente amenazado y piensa si su gran desempeño no provocará que sus jefes se pregunten por qué no le dan su puesto. Usted está pensando en hablar con él y decirle que "se lo tome con más calma".

Consejo. ¿Tiene usted un problema de inseguridad o algo parecido? ¿Son sus jefes una cuadrilla de patanes que no comprenden que su liderazgo es lo que está ayudando a ese individuo a convertirse en estrella? Debe hablar con él, pero para decirle que siga por el buen camino; déle unas palmadas en la espalda y encuentre la manera de recompensarlo. Quizá llegue a ocupar su puesto, pero sólo después de que usted haya sido promovido por ser el tipo de líder que hace crecer a su gente.

Problema # 9

Tiene usted un colaborador joven que ha empezado muy bien, lo cual ha resultado en una cierta arrogancia que usted y los demás hallan desagradable. Además, tiene un exceso de confianza en sí mismo, hasta el punto en que se ha vuelto descuidado — ya no es tan meticuloso como al principio. Usted quiere corregir su actitud sin desalentarle, pero no está seguro de cómo proceder.

Consejo. No lo sermonee; no le cuente cómo eran las cosas cuando usted era joven. A estos chicos les desagrada escucharlo. En vez de ello, hágale saber lo que piensan los demás de su forma de actuar. Permita que ellos le digan que ha sido descuidado, que está trabajando como si tuviera un palo enterrado en los intestinos. No podrá discutir los hechos y lo tomará mejor si le describe las buenas cosas que ha estado haciendo como compensación de las malas.

Problema # 10

Su jefe acude a usted en busca de consejo. Está excitado sobre un artículo que quiere publicar en un sitio Web, relacionado con el futuro del sector, pero desea tener su retroalimentación antes de proceder. Usted ve que si bien ha incluido muchas y buenas ideas en el artículo, llega a conclusiones que desalentarán a los empleados — habla de que la era dorada de ese sector ha terminado y nunca regresará. Usted se pregunta si debe reventar la burbuja diciéndole que no cree que el artículo deba ser publicado o bien si no desea ninguna retroalimentación que no sea aprobatoria.

Consejo. A menos que sea una comadreja, le preguntó porque respeta su opinión; se desilusionará si usted no es completamente honesto. Claro está no debe ser tan idiota como para decir "es una porquería" Dígale lo que le preocupa sobre el artículo; hágale ver el lado negativo. Después, ofrézcase como voluntario para editarlo.

COACHING ES ALGO MÁS QUE UNA ACTIVIDAD DE UNO A UNO

Con mucha frecuencia, los coaches olvidan que las ramificaciones de su labor van más allá de una conversación entre dos personas. Es una actividad organizacional formal y no sólo un diálogo personal. Como tal, es necesario hacerlo como si estuviera en juego la reputación de su empresa. Muchas veces, los líderes no se dan cuenta que lo que dicen y hacen en las sesiones individuales de coaching constituye un fuerte mensaje sobre valores organizacionales y los comportamientos que están dispuestos a tolerar. Si bien Tony eventualmente promueve a Ralph, se resiste a ello durante un buen tiempo, porque sabe que la promoción enviará un mensaje equivocado. Ralph es débil y Tony sabe que sus valores son diferentes a los suyos.

Si sus valores y los de su organización son similares, la clave para un buen coaching es ser abierto y honesto. Si le dice a un subordinado directo cómo se siente verdaderamente, estará enviando el mensaje adecuado tanto al individuo como a la organización.

AJÁ DE COACHING DE TONY

Usted debe ser directo con su gente o ellos nunca lo serán con usted.

5

Dímelo a la cara

Recibiendo retroalimentación

Nuestros líderes más efectivos son como Tony — no tienen temor a compartir sus debilidades y exponer sus vulnerabilidades. Estos líderes continuamente piden retroalimentación sobre cómo lo están haciendo y desean saber qué deben cambiar para ser más efectivos. También es importante escuchar la retroalimentación y ajustar su comportamiento cuando el cambio es necesario. No se rodean de hombres que siempre dicen sí. Se sienten suficientemente cómodos consigo mismos y sus allegados incluyen individuos que desafían su forma de pensar.

Tony puede responder, pero también puede absorber, característica primordial de un líder efectivo. Aunque hace un gran esfuerzo para evitar las vulnerabilidades físicas, se permite ser emocionalmente vulnerable. No sólo desea escuchar las malas noticias y las críticas, sino que alienta a su gente a decírselas.

Para recibir retroalimentación hay que ser resistente y Tony es tan resistente como el que más. A nadie le gusta escuchar a un subordinado decirle que no se está comunicando con claridad o que un socio le diga que se ha equivocado. A Tony no le gusta oír ese tipo de cosas, pero hay una gran diferencia entre no gustarle y no permitirlo. Como cualquier otro líder poderoso, Tony tiene un ego saludable y como resultado, no se deleita en escuchar que no está haciendo tan buen trabajo como lo creía. Un ego saludable, esto es, lo apuesto a un ego inflado, puede tolerar el dolor de cosechar los frutos de una retroalimentación. Como Tony sabe que es buen líder, también sabe que la mayor parte de la retroalimentación recibida será positiva. Cuando recibe retroalimentación negativa, por lo general la tolera mejor que la mayoría de los líderes porque sabe que su grupo se la está ofreciendo para ayudarle a mejorar la organización. Los líderes carentes de confianza en sus propias habilidades son los que más probablemente prohibirán la honestidad o tendrán miedo de volverse vulnerables.

TONY Y LA NECESIDAD DE ELIMINAR EL EGO DE LA ECUACIÓN DE RETROALIMENTACIÓN

"Son negocios"

Más que nunca antes, necesitamos líderes que sean lo bastante fuertes para tolerar las críticas y las malas noticias. En las culturas abiertas y aceleradas, los líderes no pueden darse el lujo de eximirse de la información crítica. Los mejores líderes están familiarizados con sus fortalezas y debilidades y no toman malas decisiones por estar actuando bajo falsas ilusiones sobre sí mismos. La receptividad a la retroalimentación hace posibles la objetividad y flujo de información.

OTORGAR PRIVILEGIOS DE RETROALIMENTACIÓN A QUIENES SE LO MERECEN

Obviamente, Tony no es masoquista. Ser receptivo a la retroalimentación no es lo mismo que colgarse en la espalda un letrero de "déme una patada". Tony selecciona sus socios de retroalimentación con gran cuidado — escoge a aquellos que serán honestos con él — y esto incluye a sus capitanes, Christopher, Junior, la Dra. Melfi y algunos de sus familiares. También fija parámetros; espera que la retroalimentación se dé respetuosamente y pensando en los mejores intereses de la organización.

Tony alienta la retroalimentación creando un entorno de apertura y sinceridad. En este entorno establece ciertas reglas — él es el jefe, tiene la última palabra y cuando dice que ya ha escuchado bastante, espera que la otra persona se calle — pero alienta y promueve el debate, las discordancias y el lenguaje claro. De hecho, Tony está seguro de su habilidad para aceptar cualquier retroalimentación recibida de su gente. Si Tony tuviera que formalizar su filosofía de la retroalimentación, se vería como sigue:

- No hay que tenerle miedo a la retroalimentación — sólo lastima cuando usted permite que lo lastime. Son negocios.
- Siempre es posible rechazar la realimentación.
- La gente le da retroalimentación porque les interesa y desea que usted triunfe, o bien porque no quieren que alguien lo perjudique.
- Genere oportunidades para que la gente le proporcione retroalimentación en su cara; es mejor que le digan directamente lo que piensan a que murmuren a sus espaldas.
- No mate al mensajero aun cuando sienta ganas de hacerlo; cálmese, escuche y aprenda. Y convénzase a sí mismo de no matarlo.

Analicemos la filosofía de retroalimentación de Tony en acción. Cuando Jackie Aprile estaba en el hospital muriendo de cáncer, los grupos de Tony y Júnior empezaron a buscar el poder y control cuando Jackie muriera. Por respeto a Jackie y Junior, en algunos casos, Tony cedió el poder a Junior en ciertas transacciones. Inmediatamente después de la muerte de Jackie, Christopher le dice a Tony, "Yo te represento allí y estoy cansado de esconder el rabo entre las piernas…Si no haces algo, tendré que cuestionar tu liderazgo". Para Tony, que se enorgullece de no "rendirse" ante nadie, la retroalimentación de Christopher debe haber sido un golpe tremendo a su ego. Sin duda, el instinto inicial de Tony fue lanzarse sobre la garganta de Christopher. Pero se contiene con rapidez por tres razones: Confía en Christopher; sabe que Christopher no tiene ningún motivo personal para decir lo que dijo; y lo más importante, se recuerda a sí mismo que Christopher lo estima y que lo último que desea es que la reputación de Tony se vea afectada. Desde ese momento, Tony aplica su plan para que Junior sea el jefe pero él dé las órdenes.

TONY Y LA NECESIDAD DE FRANQUEZA AL SOLICITAR RETROALIMENTACIÓN

"¿Tienes algún problema conmigo?"

Tony creó el entorno adecuado para que Christopher lo retroalimentara. Examinemos la forma en que Tony desplegó sus soberbias cualidades de liderazgo absorbiendo la retroalimentación.

Primero, Tony no respondió a lo que Christopher dijo con excusas sobre por qué no había ido contra Junior. En lugar de enredarse expresando sus razones, se dio cuenta de que el "por qué" era irrelevante y que el daño ya estaba hecho. Esta reacción impidió que Christopher se volviera defensivo y se alejara de la verdad tal como la veía.

Segundo, Tony sí trató de "matar al mensajero" — agarró a Christopher por la garganta — pero rápidamente se calmó, escuchó y se centró en lo que Christopher estaba diciendo sin juzgarlo.

Tercero, Tony preparó las cosas para que Christopher fuera honesto por medio de su comportamiento consistente. En el pasado, cuando recibía retroalimentación poco placentera, explotaba, se calmaba, escuchaba y evitaba dispararle al mensajero. Su gente podía contar con que Tony no fuera vengativo. Había aclarado que valoraba la honestidad y la verdad, y por esta razón, Christopher no tenía miedo de ser honesto.

No es simplemente que Tony creara un entorno donde su personal clave sintiera que quería ser retroalimentado; Tony solicita retroalimentación de manera específica cuando sabe que es importante obtenerla.

El ejemplo clásico de esto ocurrió cuando demasiadas personas sabían que Tony estaba viendo a un psiquiatra. Muy consciente que debería aclarar las cosas con su gente de confianza y seguir con los negocios, llama a Christopher, Paulie y Sil y les dice, "Necesito decirles algo...Quiero que lo escuchen de mí y no de cualquier patán de la calle. Hace unos cuatro o cinco meses empecé a ver a un psiquiatra porque me sentía mal". Hace una pausa y continúa, "Venga, díganmelo. Díganmelo a la cara. Vamos". Cuando no dicen nada, los tranquiliza asegurándoles que no se discutieron los negocios durante las sesiones y que no se mencionaron nombres. Finalmente les dice, "Pregúnteme ahora, porque ya no se volverá a discutir este asunto". Hace una pausa y entonces Paulie habla acerca de haber visitado a un psiquiatra en el pasado. Sil hace un comentario. Christopher, sin embargo, se queda callado y Tony se dirige a él diciéndole, "¿Tú qué piensas? ¿Tienes algún problema con esto?" Christopher simplemente se sale, incapaz de articular sus sentimientos.

La retroalimentación congruente de Tony fue efectiva por varias razones:

- Al hablar del tema abiertamente, dio el primer paso y retuvo el control de la situación.

- Mostró respeto por su gente al darle la noticia antes de que la oyera "en la calle".
- También les dio la información (no se discutieron negocios ni nombres) para que pudieran defenderlo en las calles si otros comenzaran a hablar del asunto o a hacer preguntas. Su gente contaría con todos los hechos y podría hablar libremente si fuera interrogada por otros.
- Al ser proactivo, mitigó la posibilidad de rumores a su espalda si alguno escuchara o sospechara lo que estaba sucediendo. Un líder del que hay muchos rumores tiende a ser un líder que no invita la retroalimentación (los rumores necesitan para desarrollarse un entorno pobre en información).
- Tony les dio la oportunidad de decir lo que se les ocurriera enfrente de él, proporcionándole la posibilidad de replicar o referirse a puntos específicos.
- Solicitó retroalimentación de una forma muy humana. Tony corrió un riesgo al admitir que estaba viendo a un terapeuta, exponiendo sus debilidades y comunicando que no era un líder perfecto. La parte negativa de esta acción es que su gente se daría cuenta de que no es todopoderoso ni lo sabía todo, que es tan vulnerable como ellos. En la cultura de Tony — y para el caso, en muchas culturas corporativas — esto puede provocar un ataque o disminuir la lealtad. Sin embargo, el lado positivo compensa sobradamente este aspecto negativo. Cuando los líderes se humanizan, se ganan una mucho mayor lealtad de la gran mayoría de las personas; es mucho más fácil tener una relación fuerte con un ser humano que con un semidios. También es preferible que los líderes se humanicen a sí mismos a que otros revelen sus debilidades. Ésta es la diferencia entre alguien que admite tener un problema y busca ayuda y la noticia en primera plana exponiendo el problema. Tendemos a admirar la sinceridad personal y nos escandalizamos y enojamos cuando la verdad se descubre por otros medios.
- Después que Tony les contó de la terapia, esperó a que reaccionaran. Permite que los demás hablen sin interrumpirlos ni tratar de corregir sus impresiones. Pero lo más importante es que Tony no se excusó por su comportamiento ni se volvió defensivo. Sabe que probablemente desilusionó a Christopher, pero lo dejó irse. Lo más positivo que hizo Tony — y lo que muchos líderes no hacen al reci-

bir retroalimentación — es demostrar que no sólo estaba oyendo, sino que estaba escuchando.

¿ES USTED RECEPTIVO A LA RETROALIMENTACIÓN?

La mayoría de los líderes no practican la receptividad a la retroalimentación de Tony. La sofocan en mayor o menor grado. Algunas veces crean entornos donde la gente está renuente a decirles la verdad. En otros casos alientan la retroalimentación pero realmente no escuchan lo que les dicen. Y en ocasiones dicen o hacen cosas que avientan la retroalimentación a las caras de las personas que la proporcionaron.

Piense si usted es receptivo a la retroalimentación. Si no lo es, necesita identificar la causa. Las siguientes son las diez razones más comunes por las que los líderes rechazan la retroalimentación o la evaden. Determine cuáles son aplicables a usted y después implante las sugerencias para superar su aversión a la retroalimentación.

1. La verdad puede doler.
2. Tendrá que reconocer que no es perfecto.
3. La retroalimentación no tiene sentido — obviamente, ellos no lo entienden o no comprenden sus intenciones.
4. Quizás tendrá que cambiar y no tiene el tiempo ni la energía para hacerlo.
5. No le interesa.
6. Sus comentarios están motivados por no ser usted de su agrado, por lo que puede descartar lo que dicen.
7. Reconocer la retroalimentación significa un reconocimiento de errores.
8. Tendrá que sostener una conversación desagradable.
9. Se abrirán viejas heridas.
10. No respeta a las personas que lo retroalimentarán.

Tony puede ayudarlo a superar sus reacciones adversas a la retroalimentación

1. La verdad puede doler. Como diría Tony, "Sí, pero es mejor que una puñalada en la espalda". Lo que, hablando en sentido figurado, es exactamente lo que pasará si ignora la retroalimentación. Piense en la fortaleza interna de Tony y cómo le ayuda. Si usted es bastante fuerte, podrá absorber algunas críticas y malas noticias. Sin permitir insultos, la piel gruesa de Tony le permite absorber una cierta cantidad de retroalimentación negativa. Desarrolle esta piel gruesa entrenando a su voz interna a decir, "Son negocios, no hay nada personal". Esta voz interna puede ayudarle a extraer el ego de la ecuación temporalmente, proporcionándole el espacio necesario para recibir la retroalimentación. Recuerde que esto le ayudará a ser un mejor líder, aun cuando la retroalimentación duela por unos instantes.

2. Tendrá que reconocer que no es perfecto. Quizás esté bajo la influencia del modelo tradicional del liderazgo, en el cual a la gente con poder no se le permite mostrar debilidades. Esto pudo haber funcionado hace 30 años, pero no ahora. Piense en sus imperfecciones como sus fortalezas. Tony ciertamente tiene debilidades — mal genio, arrogancia y algunas veces un cruel sentido del humor — pero por lo general no le preocupa que otros señalen sus fallas. Recuerde que el liderazgo no se refiere a ser perfecto; se refiere a la mejor manera de compensar sus imperfecciones.

3. La retroalimentación no tiene sentido — obviamente, ellos no lo entienden o no comprenden sus intenciones. No tiene sentido solamente porque usted no está realmente escuchando lo que le dice la gente. Pueden estar equivocados, pero vale la pena tratar de determinar si tal es el caso en lugar de desechar de inmediato lo que están diciendo porque usted supone que no lo comprenden. Tony se frustra algunas veces cuando piensa que la gente ha malinterpretado sus intenciones, pero no permite que la frustración le impida escuchar. Espere a haber recibido toda la retroalimentación y después decida si han entendido mal sus intenciones. Además, sea consciente de que a muchas personas les importa un comino cuáles son sus intenciones si sus acciones tienen un impacto negativo. Van a poner una barrera porque sus decisiones los perjudican de alguna forma. Por consiguiente, céntrese en cómo debe cambiar su comportamiento para remediar un problema, en vez de perder el tiempo en tratar de justificar sus acciones.

4. Quizás tendrá que cambiar y no tiene el tiempo ni la energía para hacerlo. Tony es sorprendentemente adaptable. Puede cambiar de opinión en un instante cuando la información lo amerita. Sí, el cambio requiere tiempo y energía, pero es lo que le permite a Tony crear alianzas con antiguos enemigos y detectar las oportunidades emergentes antes que los demás.

5. No le interesa. Típicamente, a los líderes no les interesa qué puedan decir los demás, porque rebosan autoconfianza y creen saber todo lo que necesitan saber para tomar buenas decisiones. En un mundo en el que se está creando nueva información cada segundo, ningún líder sabe suficiente. A pesar de su confianza, Tony reconoce la necesidad de depender de su gente para obtener información — simplemente están sucediendo demasiadas cosas para que él pueda estar al tanto de todas. Sin importar cuán confiado sea, probablemente no lo es tanto como Tony y él sí reconoce la necesidad de escuchar a los demás para ser un buen líder.

6. Sus comentarios están motivados por no ser usted de su agrado, por lo que puede descartar lo que dicen. En sus peores momentos de paranoia, Tony piensa así algunas veces. Por fortuna, lo elimina de su mente con rapidez, dándose cuenta que la información más valiosa puede provenir de sus enemigos. La clave no es descartar su retroalimentación, sino escoger la valiosa información que contenga. Tony es un experto en interpretar lo que está detrás de las palabras que le dicen, los motivos y los intereses. Aun cuando usted le desagrade a algunas personas y ello afecte a lo que le dicen, intente leer entre líneas y aprender algo de sus perspectivas sesgadas.

7. Reconocer la retroalimentación significa un reconocimiento de errores. Tony odia admitir sus errores, pero es capaz de hacerlo. Parece pasar por un proceso donde al principio rechaza la retroalimentación diciendo que se ha equivocado, perdiendo la paciencia en el proceso y entonces, un poco después, hace a un lado su ego y maneja de manera objetiva la información recibida. Siga el ejemplo de Tony y haga lo mismo (sin enojarse si lo puede evitar). En otras palabras, escuche la información negativa, hágala a un lado con escepticismo y después revísela cuando el "insulto" ya no esté fresco y haya dejado de doler.

8. Tendrá que sostener una conversación desagradable. Es muy común entre los ejecutivos evitar tipos específicos de discusiones con la gente por saber que estarán lidiando con temas difíciles. Por ejemplo, soslayan una discusión acerca de una revisión de desempeño reciente porque prevén una retroalimentación negativa en cuanto a la forma en que condujeron la revisión. En muchos casos, sin embargo, estas conversaciones dolorosas son parte de la labor de liderazgo. A Tony no le place señalarle errores a Junior o corregir a un miembro "sensible" de su pandilla, previendo que estará en el lado receptor de una retroalimentación negativa después de expresar lo que necesita decir. No obstante, muchas veces estas conversaciones difíciles airean la atmósfera al sacar a la superficie los sentimientos de ira. La clave para los líderes consiste en controlar la discusión para que la retroalimentación — y las emociones — no perjudiquen a la relación.

9. Se abrirán viejas heridas. Tony, al igual que muchos líderes, tiene muchas facetas (tanto físicas como emocionales) que prefería dejar ocultas. La retroalimentación puede revelar estas facetas. Evitar la retroalimentación puede ayudarlo a no escuchar el tipo de noticias que lo irritan, lo hacen sentirse culpable o lo entristecen. Sin embargo, también estará evitando escuchar noticias que le podrían ser útiles. De esta forma, es necesario apretar las mandíbulas y prestar atención a información del pasado hiriente, viviendo completamente en el presente. Aunque Tony cuida sus viejas heridas, mantiene sus oídos a la escucha aunque la información le duela por ser algo sucedido en el pasado.

10. No respeta a las personas que lo retroalimentarán. Tony es hábil para fingir respeto por la gente para hacerla hablar. Puede no respetar a Ralph, pero lo valora tanto como un proveedor de ingresos como por ser una fuente de información (cuando menos hasta que lo mate). Uno de los grandes errores de muchos líderes consiste en sólo aceptar retroalimentación de sus más allegados, del círculo de individuos de mentalidades similares a las de ellos. Todos pueden usar una retroalimentación de 360° y si se limita a 90°, estará limitando su conocimiento.

DOS CLAVES PARA DETERMINAR EL VALOR DE LA INFORMACIÓN E IDEAS RECIBIDAS

Como regla general, mientras más poderoso sea el líder, menos dispuesto está a ser retroalimentado. Por ejemplo, los directores ejecutivos tienden a tener más dificultades para recibir retroalimentación y reflexionar en la misma forma que los líderes más jóvenes y menos encumbrados. Esto tiene cierta lógica, pues los CEOs piensan con razón que han estado ahí por más tiempo y haciéndolo mejor que los demás y confían en sus instintos porque éstos los han llevado hasta donde están. No es que no confíen en los demás; es simplemente que tienen mucha fe en su propia habilidad para hacer las cosas bien.

Tony es este tipo de dirigente, pero a diferencia de la mayoría de los ejecutivos, invita y evalúa un flujo constante de respuestas a lo que hace y dice. Lou Gerstner, quien fuera director ejecutivo de IBM, solicitaba retroalimentación de todo mundo, incluyendo a personas con las cuales subía en el elevador de su edificio. Tony maximiza el valor de este proceso al:

- Hacer preguntas de la retroalimentación de sí mismo y de otros.
- Absorber la retroalimentación y no reaccionar de inmediato.

Este método le permite a Tony filtrar la retroalimentación a través de su propio análisis de aquellos cuya opinión valora. Por ejemplo, en la tercera temporada del programa, Artie decide complementar su ingreso del restaurante con un poco de usura. Le hace un préstamo al hermano de su recepcionista que desea financiar una distribución de licores franceses en los EUA. El hermano no paga a tiempo y Artie se enreda en sus propios intentos de recobrar su dinero incluso después de amenazarlo con "romperle todos los huesos". Tony termina por hacerse cargo del préstamo y como pago parcial, llega a un acuerdo con Artie para comer gratis en su restaurante. Artie le da a Tony una retroalimentación dura sobre su experiencia. Sugiere que Tony sabía cuál sería el resultado, insinuando que incluso lo podría haber planeado. De manera más específica, Artie le dice a Tony, "Tú ves 20 jugadas por adelantado. Tu mente explora todas las permutaciones…el peor de los casos era que comerías gratis".

Después, Tony le pregunta a la Dra. Melfi, "¿Soy esa clase de persona?" Esta clase de retroalimentación molesta a Tony, pues no se percibe a sí mismo tan manipulador, en especial cuando se trata de amigos como Artie. Desde su perspectiva, simplemente estaba tratando de ayudarlo. Tony se cuestiona así mismo y cuestiona a los demás. Se pregunta seriamente si está tratando inconscientemente de obtener ventajas de las pérdidas de Artie. Después de todo, esa fue su estrategia cuando permitió que Dave, el propietario de la tienda de artículos deportivos, participara en un juego de baraja para ejecutivos. Tony sabía que si Dave perdía mucho en el juego, la tienda pasaría a ser de su propiedad. Sin embargo, a Tony no le gusta verse a sí mismo como un estafador de sus amigos. El asunto no es que Tony quiera cambiar su comportamiento; el meollo es que la retroalimentación de Artie "revela" una opción a considerar. Le permite ser un líder consciente de sí mismo, lo que le ayudará a tomar decisiones sin ser afectado por los demonios de sus emociones internas.

La habilidad de Tony para absorber retroalimentación sin explotar ni propiciar un rencoroso debate con el retroalimentador, es sorprendente. Para alguien con el poder de Tony y su mal genio, este autocontrol es admirable. No hay duda de que esto es lo que alienta a tantas personas en su vida a decirle la verdad y ser honestas con lo que les está molestando. Después que Tony califica a Vin (el jugador empedernido y detective del FBI que le debe a Pussy una gran cantidad de dinero) como un "jugador degenerado con una placa", Vin le da a Tony alguna retroalimentación: "Tienes una notable habilidad para resumir la vida de un hombre en una sola frase". Tony se encoge de hombros y continúa hablando.

Richie Aprile es otro tipo que no se muerde la lengua en presencia de Tony. Richie cree que Tony le ha faltado al respeto desde que salió de la cárcel; que Tony le debe mayor respeto porque es un miembro pleno. Después de una disputa durante el juego ejecutivo de baraja, Richie le dice a Tony, "Me estoy hartando de esa actitud de arrogancia y no soy el único". Tras lo cual Tony lo acorrala diciéndole, "....bien, si alguien quiere hacer algo...". Richie le contesta, "No te pongas melodramático. Algunas veces actúas como si estuvieras en un negocio diferente". Tony vuelve a encogerse de hombros ante este comentario insultante. Se rehúsa a defenderse o herir a Richie. Como resultado, Richie y otros de los presentes se sienten alentados a hablar libremente en el futuro.

TONY Y OFRECER EXPLICACIONES HONESTAS EN RESPUESTA A LOS ERRORES COMETIDOS

"No me voy a defender; así fui criado"

TÉCNICAS DE DÍMELO A LA CARA

¿Cuándo fue la última vez que su gente lo criticó por algo que dijo o hizo?

Si dicen algo negativo sobre usted, ¿es probable que les corte la cabeza?

Cuando recibe retroalimentación, ¿se toma tiempo y libera espacio emocional para reflexionar objetiva y profundamente?

La mayoría de los líderes contestará que por lo general, nadie los critica; que ciertamente le han ladrado a alguien cuando dijo algo contrario a su punto de vista; y que con frecuencia permiten que la información negativa o perturbadora les entre por un oído y les salga por el otro, porque no tiene mucha credibilidad.

La transición a una actitud más receptiva y amistosa a la retroalimentación requiere tiempo y esfuerzo. De hecho, durante el curso de los programas, Tony parece haberse vuelto gradualmente más responsivo a la retroalimentación, en parte debido a sus sesiones con la Dra. Melfi, que ha logrado que sea más consciente de sí mismo. Además, los fracasos suelen hacer que las personas sean más receptivas a la retroalimentación; genera dudas en los líderes que antes no las tenían y están más dispuestos a escuchar lo que los demás puedan decir.

Para ayudarlo a generar un entorno en el que la gente desee abrirse y usted esté dispuesto a considerar con seriedad su información e ideas, he creado los cuatro siguientes enfoques:

I. UNAS CUANTAS ACCIONES FÁCILES PUEDEN ECHAR A ANDAR LA RETROALIMENTACIÓN:

1. En su siguiente reunión como líder, pídale a alguien de confianza que lo observe y anote las cosas que hizo bien y las que, como diría Tony, estuvieron de la chingada. Después de la reunión, pídale que le relate sus observaciones. Si no está muy dispuesto a decirles cuáles son las áreas que requieren mejoras, use la técnica de Tony de preguntas per-

sistentes. "¿estás seguro que no hay nada?" o "Recuerdas cuando.........., ¿cómo crees que se vio?" Quizás no reciba mucha retroalimentación la primera vez, pero sí lo llevará al segundo paso.

2. En su siguiente presentación, repita el paso # 1.
3. En su casa, pídale a un miembro de su familia que le diga qué cosa le gustaría que usted hiciera de manera diferente.

II. DESPUÉS DE ACOSTUMBRARSE AL PROCESO, DÉ PASOS MÁS GRANDES:

1. En su siguiente reunión o presentación donde esté presente su jefe, hágale saber de antemano que le gustaría contar con la retroalimentación de su actuación.
2. Si no está seguro de cómo lo está haciendo en el trabajo o si no ha recibido retroalimentación de su jefe, dígale que quisiera programar una conversación relativa a su desempeño. Una vez reunidos, céntrese en las cosas que está haciendo bien y en las que necesita mejorar. Si su jefe no se muestra muy abierto, pídale que le diga una cosa en la que crea que usted debería cambiar.
3. Si nunca ha tenido una revisión de desempeño con su jefe, solicítesela. Toda empresa suele tener un proceso para esto, pero muchos empleados no aprovechan la oportunidad.
4. En reuniones individuales con sus subordinados, haga lo que el antiguo alcalde de Nueva York hacía y pregunte, "¿Cómo lo estoy haciendo?"

III. COMIENCE A RECOLECTAR RETROALIMENTACIÓN DE MANERA MÁS ESTRUCTURADA CON UN INSTRUMENTO DE 360°:

Los instrumentos (formatos) de retroalimentación de 360° son herramientas útiles porque las personas pueden obtener retroalimentaciones anónimas escritas de sus jefes, pares, subordinados y clientes. Precisamente por ser anónimos, producen pocos temores de represalias.

1. Esté preparado para experimentar sorpresa y enojo cuando revise los formatos de retroalimentación. Acuérdese que esta reacción es normal, lo mismo que también lo es decirse a sí mismo algo como, "Pero si estoy haciendo mi mejor esfuerzo y mis intenciones son buenas". No actúe de acuerdo a su impulso de averiguar quién dijo qué y tratar de buscar retribuciones; este impulso pasará. Convénzase que no es

perfecto y que hay algunas áreas en las cuales a la gente le gustaría que cambiara.

2. Identifique los cinco aspectos mejor calificados y los cinco con calificaciones más bajas.
3. En una hoja de rotafolios liste como fortalezas los cinco aspectos más favorables. Con un encabezado de áreas de mejora, liste los cinco con las calificaciones más bajas.
4. Reúna a sus subordinados directos. Primero agradézcales haberse tomado el tiempo para contestar los formatos. Dígales que ha aprendido mucho de los datos proporcionados y que realmente desea mejorar su liderazgo. El propósito de esta reunión es compartir la retroalimentación con ellos, permitiéndoles aportar más detalles y opinar sobre el plan de acción de mejoras. Hágales saber que no intentará saber quién dijo qué. Su ánimo no es de retribución sino de mejoras. Empiece por discutir los cinco aspectos más favorables, esto es, sus fortalezas. Pídales comentarios específicos. Siéntase libre para ampliar lo que ha aprendido acerca de sus fortalezas. ¿Qué fue consistente con lo que usted piensa de sí mismo? ¿Qué cosas le sorprendieron? Después, pase a las calificaciones negativas. Considere cada una por separado y explique lo que significa para usted y lo que aprendió sobre sí mismo en ese aspecto. Si realmente se siente audaz, pregúnteles qué más añadirían. Por último, comparta sus ideas o acciones preliminares que le gustaría aplicar. Pregúnteles si hay algo más que piensan que debería hacer. Si cree que su gente no se sentirá cómoda discutiendo estos aspectos en su presencia (lo cual es un problema por sí mismo), dígales que saldrá del cuarto para que puedan discutir libremente. En su ausencia, ellos deben generar una lista de las cosas que les gustaría que usted hiciera de manera diferente. Después de completar esta lista, regrese y pídale a alguno de ellos explicar sus conclusiones. Comprométase a las acciones que se crea capaz de implantar. Cualquiera que sea el enfoque, vuelva a agradecer al grupo el uso de su tiempo. Déles a conocer su plan y tiempos para darle seguimiento y evaluar el progreso. Puede usar el mismo proceso con sus pares, ya sea en grupo o en forma individual.

Entre tres y seis meses después, vuelva a reunir al grupo (o envíeles una encuesta por correo electrónico) para dar seguimiento:

Aspectos de mejora acordados	¿Se aprecian mejoras?	
1.	Sí	No
2.	Sí	No
3.	Sí	No
4.	Sí	No
5.	Si	No

Comentarios:

IV. LLÉVELO AL NIVEL DE TONY:

1. Reúna a su grupo en una sesión de almuerzo ligero.
2. Dígales que disponen de 20 minutos, y solamente 20 minutos, para decirle a la cara (no entre ellos o a otras personas) todo lo que creen que usted está haciendo mal y lo que está haciendo en forma diferente. Comuníqueles que es su oportunidad para airear sus preocupaciones, exponer grandes ideas y plantear puntos importantes abiertamente. Si cree que pueda ser de ayuda, dígales que no almorzarán a menos que hablen claro. Al final de los 20 minutos, vuélvales a asegurar que está comprometido a cambiar. Repita esto cada tres o cuatro meses.

SER ABIERTO A LA RETROALIMENTACIÓN NO SIGNIFICA CREER TODO LO QUE LE DIGAN

La única precaución que me gustaría ofrecerle es que desarrolle un "detector de retroalimentaciones falsas". En otras palabras, a medida que se vuelva más receptivo a los consejos y críticas de su gente, también deberá ser más astuto acerca de qué es valioso y qué debe ser ignorado. Dejar que las cosas le entren por un oído y le salgan por el otro es un buen adagio aplicable en ciertas situaciones. Si se toma en serio todas las críticas, probablemente se sentirá devastado. Si sigue todos los consejos que le den, se encontrará con muchas desviaciones y callejones sin salida. Por consiguiente, filtre su retroalimentación; al recibirla, pregúntese si deberá tomarla en serio o desecharla. El simple hecho de ser consciente de que algunas retroalimentaciones pueden ser descartadas facilita alentar a su grupo a que lo hagan. Si se toma toda retroalimentación como si fuera el evangelio, probablemente terminará odiando lo que su gente le tenga que decir y los desalentará a que le digan algo en el futuro.

AJÁ DE RETROALIMENTACIÓN DE TONY

Tráguese su orgullo, tráguese la retroalimentación y cuente hasta diez.

6

¿Me estás hablando?

En una era políticamente correcta y de influencia (en contraposición al poder), los líderes suelen comunicarse en forma indirecta y/o por inferencias. Muchos ejecutivos tienen la tendencia a convertir las órdenes específicas en solicitudes generales o a moderar sus críticas hasta el punto en el que sus subordinados directos no tienen claros sus errores. La gente está tan temerosa de pisarle los callos a alguien que termina volviéndose tímida u oscura en sus comunicaciones. También pueden fallar en comunicarse con las personas adecuadas en el momento apropiado, evitando situaciones poco placenteras y manteniendo la boca cerrada. Algunos líderes cometen el pecado de hablar demasiado, en un intento de compensar la calidad con cantidad y abrumando a sus audiencias con su verborrea.

Tony Soprano no comete este tipo de pecados. Si bien su estilo de comunicación no es perfecto — en ocasiones puede ser demasiado directo e intimidante al resaltar un punto — es muy efectivo en una diversidad de situaciones. Muchos líderes modernos se han distanciado del estilo autoritario de ordenar y controlar, para adoptar un enfoque más amable y consensual, pero algunos han ido demasiado lejos en esta dirección. El estilo de Tony es un cambio refrescante, pues equilibra su actitud de tipo duro con empatía y, lo más importante, con autenticidad. Empecemos por comprender con exactitud lo que implica el estilo de Tony.

DECIR LO QUE SE PIENSA Y PENSAR LO QUE SE DICE

El estilo de comunicación de Tony está caracterizado por los cuatro siguientes aspectos positivos:

1. Directo.
2. Empatía.
3. Claridad.
4. Adaptabilidad.

Como lo puede atestiguar cualquiera que haya visto el programa, Tony no es dado a largas diatribas. Va directamente al grano, usando tan pocas palabras como le sea posible. También usa lenguaje común, no las palabras elegantes que tienen que buscarse en el diccionario. Su gente respeta el estilo de Tony porque sabe que no se guarda nada. Si está molesto con ellos, lo saben de inmediato. No siempre habla elegante o gramaticalmente — y sus expresiones pueden ser ríspidas — pero su grupo siempre sabe cómo está ante él. También espera que los demás sean concisos y vayan al grano, y se impacienta cuando las cosas marchan lentas.

TONY Y CÓMO RETROALIMENTAR

"Escúpelo"

Muchos líderes de la actualidad se esconden tras sus expresiones elegantes, creyendo que se requiere un lenguaje florido para comunicar sus ideas y que en el entorno empresarial se necesita hablar diferente o con más formalidad que en la vida cotidiana. Tony raras veces utiliza eufemismos o lenguaje muy complejo. Nunca le diría a Christopher, "Creo que sería aconsejable que practicaras alguna forma de disposición de desperdicios con el Sr. X para impedir que articulara sentimientos desagradables".

El estilo de comunicación de Tony puede ser de confrontación en algunos casos, pero frecuentemente es capaz de evitar los aspectos negativos de la confrontación con base a su alto nivel de inteligencia emocional. Esta combinación suele desarmar (algunas veces literalmente) al interlocutor. Tony lee las emociones de la gente con tal habilidad (a excepción de Carmela en ciertas situaciones), que es capaz de intuir si existe un problema o aspecto que puede interponerse en la consecución de un objetivo. Usa sus instintos para desactivar una situación controversial si piensa que sólo complicará el problema, técnica que le da libertad para presionar fuerte a la gente y obtener la información que necesita. Es capaz de detectar el punto en el que necesitará retraerse, y esto le permite mantener la presión cuando otros jefes tendrían que abandonar la confrontación.

En uno de los primeros episodios, por ejemplo, durante uno de los famosos asados de Tony, nota que Christopher está demasiado callado y le dice, "Ya basta de esa mierda, ¿qué te pasa?" Al principio, Christopher no le contesta. Sin amilanarse por esa reacción, Tony le vuelve a preguntar "Qué te pasa?" Renuentemente, Christopher le confiesa su opinión de que Tony debería haber manejado una situación de otra manera. Decir esto le resulta difícil a Christopher, en parte porque quiere la aprobación y bendición de Tony y sabe que puede no ser la mejor manera de lograr lo que quiere. Sin embargo, Tony es capaz de sonsacarle información valiosa siendo directo, persistente y genuinamente amable. Cuando Tony le pregunta a Christopher "¿Qué te pasa?" no se trata de una crítica, sino de una preocupación genuina por el estado emocional de Christopher. Tony es brillante para mostrar su lado amable incluso cuando está siendo duro. Si Tony sólo fuera duro, Christopher estaría tentado a ocultar información. Es esta paradójica combinación de dureza y amabilidad lo que le permite a Tony ser un gran comunicador. Esto presenta a Tony en su mejor ángulo.

Además, cuando Tony tiene una conversación difícil con alguien cercano a él, suele terminar la dura plática con un abrazo. Con este gesto físico de interés, Tony está comunicando lo que siente por esa persona para atemperar sus duras palabras. Con cada abrazo que da, Tony está diciendo, "Está bien ahora. Sigamos adelante. No te guardo rencor". Esto le permite decir cosas a su gente que un líder menos empático no podría decir. Muchos líderes de la actualidad optan por un enfoque blando o duro sin encontrar un buen punto intermedio entre los dos. Por ejemplo, Jerry es un alto ejecutivo de una empresa de software que ha estado atravesando tiempos difíciles. Jerry se ha estado reuniendo con los gerentes de siete equipos para decidir qué miembros de cada uno de ellos deben ser retenidos y cuáles deben salirse. Comprensiblemente, los líderes de los equipos no desean "traicionar" a ninguno de sus subordinados. Casi todas las conversaciones con Jerry empiezan con un líder insistiendo en que todos los miembros de su equipo son indispensables. Aunque Jerry presiona y aguijonea con gentileza, comunica claramente, a través de sus palabras y lenguaje corporal, que no los penalizará si se rehúsan a proporcionarle nombres. Como resultado, sus gerentes le dan a conocer algunos nombres de personas que o bien no son de su agrado a que saben que están planeando retirarse pronto (por jubilación o por tener otras ofertas de empleo). Claro está, asumir un enfoque opuesto también puede tener consecuencias negativas. Si Jerry hubiera irrumpido en cada una de las oficinas de los gerentes diciendo "O haces lo que te digo o tu nombre encabezará la lista de quienes tienen que "salir", estaría creando una gran animosidad. Peor aún, los gerentes podrían incluso sabotear las listas presentadas a causa del resentimiento provocado por su actitud agresiva.

Si Tony estuviera a cargo del asunto, quizás hubiera repartido algunas bofetadas entre los gerentes renuentes a proporcionar nombres, pero después habría mostrado su experta empatía con la división de lealtades, hasta el punto de no guardarles ningún rencor.

Otra virtud del estilo de comunicación de Tony es su claridad. Siempre es claro acerca de lo que espera que se haga y cuándo deberá completarse la tarea. No deja espacio para malas interpretaciones. Un ejemplo clásico es cuando Brendon y Christopher raptan uno de los camiones de Junior después de habérseles prohibido en una sesión de confrontación. Cuando Tony averigua lo que han hecho, obviamente se disgusta. Christopher le pregunta qué debe hacer. Tony contesta, "Lo que debes hacer es tomar los trajes y volverlos a meter al camión y llamar a mi tío". Termina diciendo, "Dejarás en paz los camiones y todo lo que pertenezca a mi tío…¿está claro?" No sólo está claro lo que debe ser, sino también las expectativas futuras — no más enredos con las operaciones de Junior. Para Christopher, las consecuencias de no obedecer también son muy claras.

Muchos líderes no se toman el tiempo ni hacen el esfuerzo para lograr esta claridad en sus comunicaciones. He trabajado con ejecutivos brillantes en otros aspectos que parecen creer que sus subordinados deben discernir de alguna manera lo que se les está diciendo. Recuerdo un caso en el que un vicepresidente estaba destrozando a un gerente de proyecto por haber entregado un reporte con dos días de retraso. El gerente de proyecto insistía en que el vicepresidente le había dicho que necesitaba el reporte "para el miércoles a más tardar" y lo había entregado el martes en la tarde. El vicepresidente replicó "¿Qué te pasa? ¿No sabes leer entre líneas?" En su opinión, le había dado a entender que necesitaba el reporte lo más pronto posible.

Es obvio que no había sido claro. Leer entre líneas no es la mejor técnica para comunicar información importante. Tony es hábil para comprobar la claridad de la comprensión de la gente. Por ejemplo, Tony llevó a su grupo al hermano gemelo de un hombre al que había asesinado, para tenerlo vigilado. Paulie le dice a Tony que piensa que ese tipo estaba actuando como un extraño y podía llegar a saber que Tony había mandado matar a su hermano. Cuando Tony se queda solo con el hermano, decide manejar la situación con su candidez usual, preguntándole "¿Tienes algún problema?" Tony espera unos segundos, pero no recibe respuesta alguna. En vez de retirarse de una situación incómoda, Tony insiste, "He escuchado que puedes tener algún problema". El hermano, tímidamente, contesta que no tiene problemas. Tony no permite que el asunto se quede con esta respuesta ambigua y replica "Dices que estás seguro. No lo digas si realmente no lo estás".

La cuarta característica distintiva de Tony es su habilidad para adaptar su estilo de comunicación. Reconoce la necesidad de cambiar su tono y actitud de acuerdo a con quién esté hablando. Con Johnny Sack, el subjefe de Carmine, Tony es un poco más formal, mostrando un dejo de respeto. Usa menos palabras soeces y altisonantes y cuida lo que dice. Al mismo tiempo, no da la apariencia de ser inferior a Johnny. Sus modales muestran el grado adecuado de respeto — no como un igual, pero tampoco como un subordinado.

Aunque Tony también le muestra respeto a Junior, sus comunicaciones toman otra forma. Selecciona cuidadosamente sus palabras cuando habla con su tío, reconociendo su susceptibilidad a la retroalimentación negativa. Cuando Tony tiene que dar malas noticias, modera su estilo de comunicación, por lo general muy directo, arropando las malas noticias de tal manera que no pongan a Junior a la defensiva o peor aún, causando que lo perturben. En un punto, los capitanes se habían quejado con Tony que Junior no estaba distribuyendo las ganancias con equidad y para ayudar a Junior a comprender el problema, Tony usó una metáfora proveniente de la historia romana para ilustrar su punto. Por desgracia, la metáfora pasa por encima de la cabeza de Junior. Sin amilanarse, Tony le cuenta una historia que el mismo Junior le había relatado cuando era pequeño. Con ello, el mensaje llega a su destino.

Estas cuatro cualidades — directo, claro, empático y adaptable — no son muy comunes en los círculos del liderazgo. Al leer la forma en que Tony usa estas virtudes para ser un jefe efectivo, ¿se puso a pensar si sonaba como usted? ¿O le pareció que su estilo estaba a años luz del suyo? El siguiente ejercicio le ayudará a evaluar su estilo con respecto al de Tony. Como verá, contiene dos tipos de descripciones, cada una de ellas reflejando el estilo de comunicación de dos clases de líderes (si bien las correspondientes al jefe de estilo Tony no fueron expresadas por él, sino que serían lo que Tony diría si fuera el director ejecutivo de una gran corporación). Anote su marca en cada una de las expresiones de la lista que reflejen lo que usted diría. Sume las anotaciones para cada tipo de jefe y vea cuál encaja mejor con usted.

El jefe parecido a Tony

- ❑ La fecha límite es el jueves; no se permiten retrasos ni excusas.
- ❑ Si tienes problemas con esa persona de RH, ven a verme de inmediato y determinaremos cómo lidiar con él. Yo me encargaré.
- ❑ No quiero que ninguno de ustedes que está perdiendo su empleo por la reducción de personal salga de la empresa sintiendo que no hicimos todo lo posible por ustedes. Si necesitan algo, ahora o en el futuro, espero que me llamen.
- ❑ Quiero darte algo de retroalimentación negativa sobre tu desempeño y sé que te dolerá, pero yo también he pasado por ese trance. Le diste a los hermanos Mancuso 5% más de lo que les correspondía. Ese Joe también se aprovechó de mí la primera vez que hicimos un trato. Nadie es perfecto.
- ❑ Tienen que mejorar su desempeño en un 10%. No 8% ni 9%, sino 10%. Para lograrlo, espero que cada uno de ustedes trabaje cuando menos 5 horas adicionales por semana.
- ❑ Quiero formar una sociedad con Acme Corporation, pero sólo si están de acuerdo en una repartición al 50-50 en todos los ingresos que se generen y siempre y cuando nuestro programa de intercambio de conocimientos beneficie por igual a ambas organizaciones.

- ❑ Sé que dije que sólo haríamos el negocio con Acme si la repartición fuera al 50-50, pero aceptaría un porcentaje menor si pudiéramos forjar una alianza con la Corporación XYZ.
- ❑ Sí, Joe en ventas es un zoquete, pero es un zoquete muy productivo y lo necesitamos, por lo que lo trataré como mi mejor amigo mientras no cruce la línea.

El jefe muy diferente a Tony

- ❑ Sería bueno si me pudieras entregar esto la semana entrante.
- ❑ Si tienes problemas con ese tipo en RH, quizás debas tratar de no acercártele.
- ❑ Siento que la reducción de personal les haya costado sus empleos, pero son tiempos difíciles y ustedes son la desafortunadas victimas.
- ❑ Aquí está la retroalimentación de desempeño, que es muy desilusionante. Realmente me fallaste en este negocio con los Mancuso.
- ❑ Tenemos que mejorar el desempeño, por lo que espero que todos ustedes le pongan más tiempo, esfuerzo y energía.
- ❑ Quiero hacer una sociedad con Acme, pero sólo si ellos están de acuerdo en un trato justo.
- ❑ Dije que sólo me asociaría con Acme si acordáramos un trato justo y me mantengo en esa misma filosofía con respecto a XYZ, aun cuando una sociedad con ellos podría darle nueva vida a esta empresa.
- ❑ Joe en ventas es un gran generador, pero me rehúso a tratarlo de manera diferente a la del peor empleado de la empresa.

Si usted determina que ha marcado más expresiones en el sector de jefe muy diferente a Tony que en la del jefe como Tony, no se preocupe. Podrá adquirir sus habilidades de comunicación al ser más consciente de cuáles son y trabajando en algunos de los ejercicios que se presentan posteriormente en este capítulo. Primero, sin embargo, necesita vencer sus temores. Muchas personas sienten miedo a hacer preguntas difíciles porque están temerosas de las respuestas. En consecuencia, no le preguntan a sus subordinados directos qué les está molestando ni a sus aliados por qué tienen dudas sobre un negocio conjunto. Tienen miedo de oír las respuestas; sienten pavor de que tendrán que lidiar con un punto muy emocional con el subordinado o que tendrán que frenar con sus aliados lo que parecía un buen negocio. También tienen temor a escuchar malas noticias sobre sí mismos y que tendrán que cambiar su comportamiento en función de lo que escuchen. Y sin embargo, una vez escuchadas las verdades, estarán en mucha mejor posición para comunicarse directa, empática, clara y flexiblemente. Los temas que necesitan discutirse se discuten y la relación se beneficia. Si se permite que estos temas queden bajo la superficie, la relación no progresará. Cuando la gente se refugia en generalidades y lenguaje vago, es indicativo de que está evitando los aspectos cruciales.

Tony es muchas cosas, pero no es temeroso. Siempre está listo para confrontar cualquier cosa, y esto lo hace un comunicador muy efectivo.

CONDUCIENDO EL VEHÍCULO ADECUADO PARA LAS COMUNICACIONES

Algunos líderes están bien informados sobre lo que sucede en su organización y en el entorno externo. Tienen acceso a esta información en parte porque son buenos comunicadores, pero también por saber utilizar diferentes foros y oportunidades para comunicarse con la gente. Estos líderes saben quiénes están trabajando bien, quiénes están teniendo dificultades, quién se alinea con quién y quiénes están hablando a sus espaldas. Son los primeros en detectar las tendencias tecnológicas emergentes y los cambios de mercado porque se basan en algo más que leer los periódicos especializados y el Internet para obtener su información.

La comunicación en la familia Soprano es fluida y continua, formal e informal. Es sorprendente lo que se logra telefónicamente y por medio de almuerzos de espagueti, tragos de tequila en el club desnudista, expresos durante las reuniones de desayuno en uno de los notorios mercados de carne y, claro está, cenas en el Vesuvios. Tony y sus capitanes reconocen la poca eficiencia de leer 50 correos electrónicos o correos de voz diariamente o sentarse en numerosas reuniones de tres horas. También parecen ser conscientes de que los diferentes foros son útiles para diferentes propósitos de comunicación. Por ejemplo, en una reunión de desayuno en el Centannis Meat Market, Tony solicita y obtiene la información de la parte negativa del contrato de las Triborough Towers. Averigua que hay algunos problemas y Christopher se ofrece como voluntario para resolverlos. Esto es un gran ejemplo del beneficio para las organizaciones cuando tienen reuniones informales frecuentes.

Tony sabe que, al sostener discusiones constantes sobre temas importantes, alguno de los presentes tendrá buenas ideas y soluciones.

Además de usar el mercado de carne, Tony ha sostenido reuniones en restaurantes elegantes, garitos, clubes desnudistas, automóviles, su sótano, parques, callejones, tiendas minoristas, hipódromos y en muchos otros lugares. En numerosas ocasiones, el medio encaja con el mensaje; habla de un negocio de caballos en el hipódromo y de una transacción de bienes raíces en un lote baldío. Cuando uno de los "clientes" de Tony, un jugador que es doctor en los servicios de salud del HMO, no puede pagar su deuda, se le ocurre un esquema en el club desnudista para defraudar al HMO. Los entornos se prestan a discutir temas específicos, creando un ambiente que alienta el entusiasmo y el intercambio de detalles específicos.

Sin importar dónde ocurran estas reuniones, la atmósfera siempre es de candidez y apertura. Los capitanes reconocen sus equivocaciones y rinden cuentas de sus operaciones. El enfoque se centra en encontrar soluciones y avanzar. Tony puede disgustarse por algo que hayan hecho, pero prefiere oírlo del "culpable" que no enterarse o peor aún, saberlo por alguien más.

Estas "reuniones" también son vehículos importantes para conocer los susurros acerca de otros miembros de la familia. En la misma reunión en Centannis, Silvio le cuenta a Tony un rumor escuchado en el club. Le informa que se dice que Junior va a liquidar al pequeño Pussy en el restaurante propiedad del amigo de la infancia de Tony, Artie Bucco. Contando con esta información, Tony puede planear la estrategia para evitar que el hecho acontezca en el restaurante de su amigo.

Tony también aprovecha las reuniones informales para mantenerse en contacto con su gente clave y permitirles que vean su lado "blando". Uno de los grandes problemas de los líderes arrogantes de tipo ordenar y controlar es ser percibidos como rígidos e impersonales. La gente percibe que no puede hablar con estos líderes fuera de las reuniones formales y no se siente particularmente inspirada por ellos a causa de su actitud. En consecuencia, las relaciones entre estos líderes y su personal clave suelen ser tirantes y sus comunicaciones son limitadas y poco profundas. En cambio, Tony agasaja a sus capitanes en fines de semana y días festivos, platicando frente a la parrilla del asado, intercambiando chismes o simplemente solazándose. En estas reuniones relajadas, todos están con la guardia baja, algo vulnerables y piden consejos o ayuda. Si se observa a Tony durante estas reuniones sociales, parece estar relajado, pero sus ojos están alerta y observando. La verdadera retroalimentación de 360° tiene más probabilidades de ocurrir cuando las personas han tomado unos tragos y están haraganeando en un sofá.

A diferencia de muchos líderes, Tony limita el tiempo que pasa en cualquier junta, ya sea formal o informal. Esto contrasta de manera notable con el líder típico que, de acuerdo a diferentes encuestas, gasta entre el 50 y 60% de su tiempo en reuniones. Estas encuestas también revelan que la mayor parte de estos líderes piensan que se logra relativamente poco durante estas sesiones.

Cuando Tony se reúne, por lo general mantiene el número de participantes en un mínimo absoluto. Si bien algunos teóricos del liderazgo menosprecian estas reuniones de grupos pequeños por su excesiva insularidad, Tony sabe que los grupos pequeños son cruciales para lograr avances. Comprende que los grupos reducidos alcanzan decisiones con más rapidez que los numerosos y lo más importante, que si se cuenta con la información y las personas adecuadas en la mesa, se pueden tomar buenas decisiones y seguir adelante. Debe admitirse que las grandes corporaciones tienen protocolos que requieren la presencia de ciertos tipos de personas en algunas clases de reuniones y que a veces son verdaderas multitudes. También algunos líderes programan juntas periódicas grandes por razones políticas, pues no desean herir los sentimientos de nadie en su deseo de obtener una amplia gama de ideas. Sin embargo, al buscar inclusión, involucración y consenso, muchos líderes resultan ineficientes en reunir a la gente adecuada y lograr discutir y resolver los problemas con rapidez. Es difícil sostener un diálogo significativo y llegar al corazón de un tema con 12 personas en una habitación. Algunos han acusado a George W. Bush de confiar en un puñado de individuos para tomar decisiones, pero nunca ha sido criticado por tomarlas con rapidez. Esto contrasta en forma notable con Jimmy Carter, al que se le criticaba por involucrar a demasiadas personas y tratar casi siempre de alcanzar un consenso. La estrategia de Tony de realizar numerosas reuniones cortas con pocos asistentes en entornos informales le permite evitar problemas de protocolo y toma de decisiones.

Tony es también un gran creyente en las comunicaciones cara a cara más que en las de tipo electrónico que se han convertido en la herramienta favorita de muchos líderes. Si bien estas reuniones virtuales y correos electrónicos tienen ciertamente un lugar, con gran frecuencia se abusa de ellas. Demasiados gerentes prefieren el correo electrónico sobre el contacto personal por ser más rápido y porque ayuda a evitar los intercambios emocionales complicados que pueden surgir cuando se discuten tópicos difíciles. Es por eso que más de un líder automáticamente deja un correo de voz para el ocupante de una oficina contigua a la suya. También resulta muy perturbador que muchos líderes y equipos hayan olvidado el poder de las comunicaciones informales durante el café, el almuerzo o las comidas. En la era de hacer más con menos y reducir gastos, hemos pasado del extremo del almuerzo de dos martinis a individuos que comen solos en su oficina. Cuando los colegas "comparten el pan y la sal" se están conectando personalmente. Inducen confianza al compartir los detalles de su vida tanto dentro como fuera de la oficina. Están aprovechando las ventajas de redes personales valiosas para permanecer al tanto de lo que está sucediendo, qué proyectos se están llevando a cabo, quiénes están siendo favorecidos y quiénes se están quedando fuera de la jugada. La gente se mantiene informada en todo momento. Esta inversión de tiempo rompe barreras, crea confianza y ayuda a afianzar las relaciones que permitirán avanzar. Tony lo sabe de manera instintiva; por desgracia, muchos líderes no lo saben.

Para evaluar si usted usa una diversidad de entornos/ocasiones para comunicarse con la gente, analice la siguiente lista y marque los lugares que comúnmente utiliza para reunirse:

- ❑ Restaurantes.
- ❑ Cafeterías.
- ❑ Caminatas (en el parque, alrededor de la cuadra, etc.)
- ❑ Clubes atléticos.
- ❑ Eventos deportivos.
- ❑ Bares.
- ❑ Aeroplanos, trenes y automóviles (así como otras formas de transportación).
- ❑ Juegos de salón.
- ❑ Residencia personal.
- ❑ Casas de otras personas.
- ❑ Residencias de fines de semana/vacaciones.
- ❑ Días de campo.
- ❑ Museos.
- ❑ Estadios deportivos.

- ❑ Expediciones de compras.
- ❑ En la calle.

¿QUÉ DIRÍA TONY?

Cómo usar el enfoque de Tony con sus propias palabras

El propósito no es duplicar el lenguaje y estilo de Tony, sino inspirarse en sus métodos. Es obvio que usted no puede usar palabras soeces en cada frase ni amenazar a la gente con matarla o descuartizarla si no cumple los objetivos (aunque en algunos momentos sienta que sí tiene ganas de hacerlo). Lo que usted quiere es usar la forma directa, empática, clara y adaptable de Tony para hacerla suya.

El siguiente ejercicio está diseñado para ayudarlo a lograr esto. He tomado algunas situaciones comunes de negocios, sugiriendo lo que Tony podría hacer si trabajara para su empresa y se encontrara en esas mismas situaciones. Después incluyo lo que alguien indirecto, falto de empatía, vago e inflexible, podría decir en las mismas circunstancias. Su tarea consiste en encontrar el término medio que se inspire en Tony pero eliminando su lenguaje y acciones extremosas. Después del conjunto de ambas posiciones, escriba su versión del estilo Tony — lo que diría si poseyera su astucia (proporciono una muestra para la primera situación).

Situación # 1

Acaba de promover a un subordinado muy valioso a un nuevo trabajo, pero el salario aprobado por su jefe es $14,000 inferior al que tenía la persona anteriormente ocupante del puesto y $10,000 más bajo que el de una posición comparable en otra división.

Lo que diría Tony. Es una mierda. Sé que le pagabas a Joe $74,000 cuando hacía ese trabajo y también sé que Mary gana $70,000 por hacer lo mismo en otra división. ¿Qué estás tratando de hacer, hijo de puta?

Lo que diría el opuesto a Tony. No quisiera quejarme, pero no creo que esto sea justo. No me malentiendas. Reconozco que estás bajo presión para mantener los costos bajos, por lo que, si me estoy pasando de la raya, dímelo, pero si es posible — y puede no serlo — quisiera que consideraras aumentar el salario en $14,000. Claro está, si eso es demasiado, cualquier aumento sería muy apreciado.

Lo que debería decir. Mira, ¿quieres arriesgarte a perder a alguien que le ha ayudado a tu equipo a superar los objetivos en más de 20% en los últimos años? Porque si me obligas a ofrecer el salario que propones, se va a sentir insultado y buscará otro empleo, y no lo culparía. Para evitar esa posibilidad, tenemos que darle un aumento importante, cuando menos $10,000.

Situación # 2

Escucha de un colega de otro grupo que uno de sus subordinados, Julio, ha estado criticando su estilo de liderazgo a sus espaldas. Se ha estado quejando con el director ejecutivo que le ha perdido el respeto a algunos miembros de su grupo, porque los ha estado presionando demasiado sin que usted haga el mismo esfuerzo.

Lo que diría Tony. Julio, he sabido que tienes un problema conmigo, que fuiste con el director ejecutivo para quejarte de cómo manejo mi grupo. ¿Entiendes que eso me perjudica? Quizás te puedo ayudar a entenderlo. ¿Qué pasaría si yo fuera con el director y le dijera que tú y Norma, la de contabilidad, se están entendiendo? Considerando su política — por no mencionar el hecho de que estas casado con la hermana del director — no creo que eso te ayudaría mucho. Por tanto, ¿por qué no le dices que lo que habías escuchado no es cierto y la siguiente vez que sientas la necesidad de echar de tu ronco pecho acudes a mí?

Lo que diría el opuesto a Tony. Julio, me molestó saber que dijiste algo negativo sobre mí al director ejecutivo. Quizás estoy malinformado y no fue tan negativo — y me disculpo si ese el caso — y también es posible que no haya sido intencional, pero si tus comentarios fueron realmente negativos, me preocupan los efectos que puedan tener en mi carrera. También confío que en el futuro, primero vengas a mí con tus problemas, antes de ir con el director.

¿Qué diría usted?

Situación # 3

Está tratando de renegociar los términos de suministro con un proveedor clave y desea inculcarle el concepto de asociacionismo. Desde su punto de vista, esto significa que lo convertirá en su proveedor exclusivo, resultando en un mayor volumen de compras. Desde el punto de vista del proveedor, esto significa ser más flexible y responsivo cuando su empresa necesite algo. Usted lo siente renuente a llegar a un acuerdo y necesita convencerlo de las bondades de la idea.

Lo que diría Tony. Mira, entiendo tus preocupaciones. Estas pensando si esto significa más trabajo y menos dinero para ti; ¿cómo sabrás si mantendré mi palabra? No lo sabes. Pero nosotros tampoco sabemos si tú mantendrás la tuya en ser más responsivo y flexible. Es un asunto de confianza mutua. Por tal motivo te pregunto: ¿Confías en mí? Porque si me tienes confianza, no hay nada de qué preocuparse.

Lo que diría el opuesto a Tony. Considera por favor nuestra propuesta con la mayor seriedad. Es muy importante para nuestra organización establecer una relación de asociación con nuestros proveedores. Nos permitirá lograr nuestros objetivos como una empresa de vanguardia. No se trata de una idea que se nos haya ocurrido de repente, sino el resultado de más de un año de planeación y estudio. Sabemos que este tipo de relaciones son la ola del futuro y te estamos extendiendo una invitación para ser parte de ese futuro.

¿Qué diría usted?

HERRAMIENTAS DE MONITOREO

Cuide lo que dice

Convertirse en un comunicador directo, empático, claro y adaptable es un proceso gradual y para facilitar este proceso es necesario ser muy consciente de sí mismo. Necesita prestarle atención a su estilo y métodos de comunicación y compararlos y contrastarlos con los de Tony. Para tal fin, he incluido algunas herramientas de monitoreo que le podrán ser de gran ayuda.

Primero, veamos una serie de preguntas que deberá hacerse a sí mismo para determinar su progreso:

Prueba de hablar sobre lo que se habla

¿Con qué frecuencia ha:

1. dicho lo que realmente quiso decir (en vez de lo que era políticamente correcto o diseñado para aliviar tensiones)?
   muchas veces ______ no me atrevo ______
2. discutido una idea sin una presentación de PowerPoint?
   muchas veces ______ no me atrevo ______
3. hecho saber a la otra persona que estaba molesto o enojado?
   muchas veces ______ no me atrevo ______
4. dado instrucciones claras?
   muchas veces ______ no me atrevo ______
5. comunicado las consecuencias de los incumplimientos?
   muchas veces ______ no me atrevo ______
6. explicado cuál es un desempeño aceptable y cuál inaceptable?
   muchas veces ______ no me atrevo ______
7. pasado ratos informales con colegas o subordinados?
   muchas veces ______ no me atrevo ______
8. utilizado su poder de percepción en cuanto los sentimientos de alguien para formar una buena relación?
   muchas veces ______ no me atrevo ______
9. modificado su forma de expresarse con alguien basándose en lo que conoce de sus necesidades/requerimientos?
   muchas veces ______ no me atrevo ______
10. confiado en palabras simples y conversaciones directas para exponer su punto?
   muchas veces ______ no me atrevo ______

CALIFICACIÓN (basada en el número de respuestas afirmativas)

0-2: personna non grata
3-5; soldado de infantería
6-8: capitán
8-10: jefe de jefes

El siguiente ejercicio de monitoreo es una lista de verificación de los errores que usted quiere evitar para demostrar sus habilidades de comunicación al estilo Soprano:

Error # 1: Hablar como una comadreja melosa temiendo que cualquier cosa que diga será perjudicial.
Error # 2: Usar palabras de un millón de dólares que suenan muy bien pero que nadie entiende.
Error # 3: Hacer discursos como si fuera un catedrático en vez de hacer preguntas comunes.
Error # 4: Olvidar que porque usted sabe lo que quiere no significa que los demás también lo sepan.
Error # 5: No decirle a la gente lo que obtendrá si hace bien las cosas y lo que le pasará si las hace mal.
Error # 6: Evitar reunirse con su gente fuera del trabajo y tratarla como si no existiera, a menos que haya una luz fluorescente saliendo de su cabeza.
Error # 7: Decirle a su personal que no desea saber si usted hizo algo mal; sólo desea que ellos lo hagan todo bien.

Esta última herramienta de monitoreo implica recordar que Tony es sólo un modelo de liderazgo y que todos los modelos pueden exagerarse si se aplican con exceso de rigidez. Por consiguiente, cuídese de no volverse demasiado parecido a Tony, tomando en cuenta las siguientes señales de precaución:

- Comienza a marcar sus cartas, discursos y correos electrónicos con palabras ofensivas.
- Presiona tanto que la gente lo mira como al estudiante musculoso que exige que le entreguen su dinero del almuerzo.
- Es tan cándido que provoca en la gente sonrojos y lágrimas.
- Se vuelve un manipulador tan experto que su gente comienza a llamarlo Maquiavelo.
- Va directo a la yugular cuando una herida ligera sería suficiente para exponer su punto.

TÉCNICAS DE COMUNICACIÓN Y PERSONALIDAD COMUNICADORA

Tony tiene una personalidad muy definida que produce un impacto en la forma en que se comunica. Su acento al hablar, actitud belicosa y su actitud de astucia, le dan forma a la expresión de sus opiniones. Obviamente, sería ridículo que usted imitara su acento, poses y actitudes. En lugar de ello, usted puede mantener su propia forma de comunicarse, pero adicionándole las virtudes comunicadoras de Tony. Céntrese en tratar de ser más directo, empático, claro y adaptable en las conversaciones uno a uno y en sus presentaciones. Verá que será perfectamente capaz de asimilar estas virtudes sin tener que amenazar a alguien de romperle las rodillas.

AJÁ DE COMUNICACIÓN DE TONY

Algunas veces es necesario mostrar el garrote y mientras conviene mostrar la zanahoria, pero siempre debe saber cuál es cuál.

7

Diez alternativas difíciles

Lo que podemos aprender de las decisiones más desafiantes de Tony

Los líderes que toman las mejores decisiones no son necesariamente los más listos ni los mejor informados. En realidad, parecen poseer un sexto sentido para tomar la decisión apropiada en el momento adecuado. No se ven abrumados por una parálisis de análisis cuando se enfrentan a alternativas difíciles y están dispuestos a enfrentar decisiones arriesgadas si las recompensas potenciales las justifican. Aunque también toman malas decisiones, las buenas contrarrestan por mucho a las malas. Con gran frecuencia, estos grandes tomadores de decisiones ascienden con rapidez a las altas posiciones de las organizaciones, pues se trata de una habilidad cada vez más valiosa en un mundo donde las decisiones se hacen más difíciles cada día.

Como cualquiera otra habilidad de gran valor, se ha acumulado una amplia gama de conocimientos y capacitación con respecto a la toma de decisiones. Si usted quiere mejorar en este aspecto, las opciones de aprendizaje son muy variadas. Puede inscribirse en todo tipo de cursos que le enseñarán técnicas de toma de decisiones, desde el análisis de alternativas hasta los enfoques intuitivos más creativos. Sin embargo, de acuerdo a mi experiencia, quienes toman las mejores decisiones tienden a aplicar ciertos modelos, consciente o inconscientemente. Quizás tuvieron un mentor que les ayudó a ser más perceptivos. Quizás estudiaron a los grandes líderes de la historia y la forma en que tomaban sus sabias decisiones.

Tony nos aporta un modelo muy valioso de toma de decisiones. Él ha tomado decisiones muy difíciles. Si bien sus decisiones no siempre han resultado perfectas, hay muchas que se han convertido en opciones muy sagaces. Al examinar sus diez decisiones más difíciles en los últimos cuatro años, podemos aprender mucho, desde la generación de alternativas hasta su rápida y efectiva actuación al enfrentarse a situaciones ambiguas. Después de describir cada una de sus decisiones, aparecen las "lecciones específicas" aprendidas — maneras de aplicar el proceso de toma de decisiones de Tony a los problemas empresariales típicos. Si bien Tony decide en forma muy diferente a la de muchos líderes de negocios, considerando las desastrosas decisiones que muchos altos ejecutivos han tomado en épocas recientes, ha llegado el momento de aplicar un enfoque novedoso a este proceso.

TONY Y EL VALOR DE ESCOGER UNA BUENA OPCIÓN

"Más se pierde por indecisiones que
por decisiones malas"

LAS DIEZ DECISIONES MÁS DIFÍCILES DE TONY

10. Ceder o no a las demandas de Carmine en el negocio HUD

El negocio HUD fue acordado a través del congresista Zellman, un contacto común de Tony y Carmine, si bien la idea fue de Tony. Sin embargo, Carmine creyó que su relación con Zellman justificaba su participación en el negocio y le dijo a Tony que quería el 40%. Tony le ofreció un porcentaje mucho más bajo. Ambos se mantuvieron firmes en sus posiciones y comenzaron a aparecer tensiones. A medida que la posibilidad de guerra entre los grupos de Carmine y Tony se hacía más probable, Tony tuvo que decidir si cedería o no ante las exigencias de Carmine. Otro líder podría haber evaluado la situación y determinado que era estúpido arriesgar todo en un negocio en el que ambos podían ganar dinero. Cuando menos en papel, Carmine tenía más fuerza que Tony. Es como si un vicepresidente junior se rehusara a ceder ante un vicepresidente senior. Hubiera sido simple para Tony tomar el camino fácil y darle a Carmine lo que pedía o cuando menos negociar un porcentaje que lo hiciera feliz.

En cambio, Tony decidió que prefería ir a la guerra que ceder a las demandas injustas de Carmine. Al principio, esto podría haber parecido una decisión poco sabia y que Tony estaba reaccionando en forma emocional y poco intelectualmente. Sin embargo, en retrospectiva, podemos ver que Tony evaluó la situación con la rapidez del rayo y determinó que estaba en buena posición para ganar la guerra de nervios. Cuando Carmine cerró la operación Esplanade, privando a ambos de ese ingreso, Tony sabía que su negocio estaba más diversificado que el de Carmine, lo cual lo colocaba en una posición ventajosa para resistir el cierre.

También fue importante que Tony se mantuviera frío a pesar de su enojo contra Carmine. De hecho, tras tomar la decisión dijo, "no voy a explotar". Como otros grandes tomadores de decisiones, Tony era consciente de que sus acciones ayudarían a determinar si su decisión había sido correcta. Si bien Tony lanzó pequeños golpes de represalia a Carmine, nunca hizo algo importante que provocara una guerra total. Incluso habló con el hijo de Carmine en Florida para resolver la disputa. Aunque este intento de solución falló, Tony le comunicó a Carmine con este gesto sus deseos de reconciliación. Esta actitud conciliadora fue sin duda un paso premeditado; probablemente, Tony pensó que calmaría a Carmine. Además, no actuó con imprudencia durante el conflicto. Consultó con su grupo varias veces para obtener información y asegurar su apoyo. Si hubiera tenido que ajustar su posición en el camino, lo podría haber hecho, pero la información y apoyo recibidos le permitieron mantenerse en sus trece. Eventualmente, Carmine cedió y aceptó una proporción más baja del negocio.

Qué podemos aprender de esta lección:

- **Las decisiones surgidas de creencias firmes le dan una ventaja.** Tony comunicó la profundidad de su convicción de estar en lo correcto, tanto a Carmine como a su propia gente. Carmine, que claramente estaba procediendo con enorme ambición, no podía sacar ventajas. La posición de Tony le daba una ventaja, pues estaba convencido de estar luchando por algo más que dinero y debido a ello, Carmine sabía que Tony no iba a ceder.

- **Analice la posición de la otra persona además de la propia.** Demasiados líderes se centran de manera exclusiva en la situación de su grupo o su empresa y sus decisiones sólo se basan en su punto de vista. Todo mundo habla de acuerdos ganar-ganar, pero es difícil estructurar este tipo de acuerdos a menos que sepa qué define como ganar la otra parte. ¿Qué impacto tendrá su decisión sobre el proveedor con el que está negociando o en la empresa con la que desea asociarse? ¿Cómo modificará su decisión el negocio de su cliente? Tony tomó la decisión adecuada porque evaluó la situación de Carmine y sabía con exactitud que pasaría si no se llegaba a un arreglo en el negocio HUD. Con su estilo típico, Tony estaba pensando varios pasos adelante y las acciones de Carmine nunca lo cogieron por sorpresa.
- **Monitoree el impacto de su decisión.** Tony fue especialmente cuidadoso en buscar retroalimentación de su gente en cuanto a las repercusiones de rechazar la petición de Carmine de obtener un 40% del negocio. De esta manera, podría cambiar su curso de acción si se hiciera necesario. Por ejemplo, si su gente le hubiera dicho que Carmine estaba preparándose para la guerra, Tony tenía la opción de abrir negociaciones y evitar la batalla. Con demasiada frecuencia, los líderes toman decisiones y se montan en su macho. No están dispuestos a modificar sus posiciones si la situación cambia, en parte porque no están solicitando ni recibiendo información que podría hacerlos cambiar de opinión. Solicite activamente ideas y hechos de su gente y será capaz de monitorear sus decisiones en forma más efectiva.

9. La conveniencia de liquidar a Carmine

En el mundo de los negocios, esto equivale a desbancar a su jefe o vencer a otro ejecutivo para ocupar una posición más alta. Las recompensas son grandes si lo logra, pero los riesgos son muy altos si fracasa. Cuando Johnny se quejó de trabajar para Carmine y sugirió que sería mejor que se le eliminara, Tony tuvo que decidir la conveniencia de aceptar su sugerencia. Ciertamente tenía motivos fuertes para eliminar a Carmine (Junior sugirió esta posibilidad durante el conflicto de HUD) y la ayuda de Johnny hubiera sido muy valiosa. Tony sopesó varias veces esta alternativa, mostrando una rara (para él) indecisión. En última instancia, decidió no dar ese paso, ganándose la ira de Johnny y un juramento de venganza contra Tony por haberse acobardado.

El error de Tony fue actuar antes de pensar. Su instinto le indica eliminar a Carmine, pues nunca tendría una oportunidad mejor y estaba furioso contra él. No pensó bien en las repercusiones de asesinar a un jefe y cuando lo hizo, se dio cuenta que sería malo para el negocio. Por fortuna, Tony no cayó en la trampa en la que quedan atrapados muchos líderes; decidir sólo por instinto. Al usar la cabeza, se dio cuenta que matar a Carmine sería malo para los negocios. Aún así, Tony pudo haber perdido a un aliado en Johnny debido a su comportamiento indeciso y esto podría significar problemas en el futuro.

Qué podemos aprender de esta decisión:

- **Sólo porque el tiempo es el correcto para una decisión, no significa que la decisión sea correcta.** Las oportunidades se les presentan todo el tiempo a los líderes, pero éstos no necesariamente deben aprovecharlas porque se presenten. Sin duda, es tentador aprovechar las que ofrecen un gran potencial de recompensas. Tony casi podía saborear el poder y la disminución de conflictos si Carmine desapareciera. Sin embargo, al pensar bien su decisión, correctamente juzgó que ningún grado de satisfacción personal por eliminar a Carmine compensaría el costo de las pérdidas de ingresos y gente.
- **Nada odia más la gente que un líder inconsistente.** Piense en la furia de Johnny porque Tony se había arrepentido de su compromiso de ayudar a eliminar a Carmine. Las expectativas de Johnny habían aumentado; probablemente había soñado con reemplazar a Carmine y ya no tener que ser un subordinado. Cuando las mayores expectativas son anuladas por nuevas realidades, la gente queda devastada. Es preferible no aumentar las expectativas que elevarlas y después destruirlas. Los líderes inconsistentes son considerados inseguros, etiqueta que destruye carreras con gran rapidez. En algunos casos, la revocación de decisiones — catalizada por nueva información — es apropiada, pero enajena a las personas que fueron impactadas positivamente por la primera decisión

y negativamente por la segunda. Aunque Tony está en lo correcto al revertir su decisión, todo habría resultado mejor si la decisión inicial hubiera sido que eliminar a Carmine era una mala idea.

8. Promover a Christopher o Ralph (o a otro) a capitán

Analicemos la decisión de Tony acerca de a quién promover a la vacante de capitán que la inesperada (o esperada, dependiendo de cómo se vea) muerte de Richie Aprile creó. Aunque Junior apoyaba a Ralph, y era bien sabido que éste tenía una muy buena relación con Johnny Sack, Tony promovió a Gigi, uno de sus hombres. Su razonamiento fue que Gigi era un buen generador de efectivo y muy respetado; también creía necesitar a alguien de confianza para vigilar al grupo de Aprile. Tony tenía bastantes reservas sobre Ralph, en parte porque algunas veces le había fallado en mantener informada a la red y debido a Ralph estaba traficando con cocaína y quizás estaba quedándose con parte del dinero.

Para tomar esta decisión de promoción, Tony se enfrentaba a un dilema común. ¿Se promueve a una persona basándose solamente en sus resultados o bien en una combinación de resultados, habilidades de liderazgo, valores y lo que representa? Por tentador que resulte un individuo de "resultados a cualquier costo" para un líder orientado a resultados como Tony, el precio de optar por esta persona puede resultar elevado. ¿Quiere comunicarle a su gente por medio de esta promoción que lo único importante son los resultados? He trabajado con muchos líderes que pregonan el trabajo en equipo, el comportamiento interfuncional y la destrucción de castillos feudales, que después promueven a líderes que son llaneros solitarios y ocultadores de información. Lo hacen por el temor a que de otra forma, si no promovieran a los buenos generadores, éstos se marcharán.

Sin embargo, Tony no tuvo muchas dudas en esta decisión, tal como les sucede a no pocos líderes. Los valores de Gigi son congruentes con los de Tony y eso facilitó la decisión. Después, cuando Ralph golpeó a la desnudista Tracee hasta matarla, Tony le dijo que se trataba de un ejemplo del tipo de comportamiento que le impedía ser promovido a capitán.

Debo añadir, sin embargo, que tomar una decisión de promoción primordialmente con respecto a la congruencia de valores tiene su potencial lado negativo. Por ejemplo, resultó que el grupo de Gigi ni confiaba en él ni lo respetaba y que el buen desempeño de Ralph y el débil de Gigi causó que Tony revisara su decisión de promoción, encontrándose así ante otro dilema: ¿Debería cancelar su primera decisión y promover a Ralph, poniendo a un buen generador pero arriesgando también ser visto como indeciso y traidor a sus propios valores? Al morir Gigi de un infarto, Tony no tuvo otra alternativa que promover a Ralph, pues no había otro sucesor preparado para asumir la responsabilidad.

Qué podemos aprender de esta decisión:

- **Los valores y los resultados son ambos factores importantes en las decisiones de promoción.** Se trata de otro balance delicado para los líderes y una decisión puede basarse más en unos que en los otros, dependiendo de las circunstancias específicas. Tony tomó una sabia decisión al atenerse a sus valores en este caso, si bien Gigi no era el candidato ideal. La promoción de Ralph en preferencia a la de Gigi habría enviado un mensaje erróneo a su gente, con la posibilidad de destruir el fuerte código de valores que tanto trabajo le había costado establecer. Lo ideal hubiera sido que Tony nombrara a un candidato con valores congruentes además de habilidad para generar dinero y respeto de su gente. No obstante, en muchos casos, los líderes tienen que tomar en cuenta ambos factores para seleccionar al candidato apropiado para la promoción.
- **Respalde sus alternativas de promoción con acciones de apoyo.** Con frecuencia, las decisiones sólo son tan buenas como el apoyo dado por quien tomó la decisión. En otras palabras, Gigi podría haber hecho un mejor trabajo si Tony le hubiera proporcionado coaching sobre cómo ser un buen capitán y la manera de manejar a Ralph. También podría haber aplicado algunas consecuencias negativas para Ralph si no apoyaba a Gigi. He visto a muchos líderes tomar decisiones de promoción y permitir el fracaso de buenos individuos por no haberlos dotado del personal de apoyo para ayudarlos a facilitar la transición a su nueva posición. Un análisis de cómo y dónde puede fallar un recién promovido le indicará qué necesita hacer para ayudarlo a evitar el fracaso.

7. Si Christopher debe convertirse en miembro pleno y heredero de Tony

Se trataba de una decisión tanto de promoción como de sucesión y constituía un hueso duro de roer para Tony, debido a su obvio afecto por Christopher y los evidentes defectos de éste. Christopher se queja de que debería haber sido elevado a la categoría de "miembro" desde el trabajo de las Triborough Towers. Tony le contestó retroalimentando a Christopher en cuanto a que no asumía la responsabilidad de sus acciones (siempre había excusas) y que todavía necesitaba desarrollar sus habilidades de liderazgo (recuerde el rapto de los camiones de Junior).

Estamos ante un punto común del liderazgo en la toma de decisiones. Usted cuenta con un individuo ambicioso de alto potencial que se cree ya listo para mayores responsabilidades y quiere ser promovido al siguiente nivel, pero usted siente que todavía no está preparado. No quiere perderlo, pero tampoco quiere lanzarlo a una aventura insegura. Tony hizo exactamente lo correcto con Christopher, dándole retroalimentación objetiva y diciéndole qué necesita hacer para alcanzar el nivel de miembro pleno. Aún así, la situación representa un problema con alguien como Christopher que no cesa de presionar por el ascenso. He visto a personas convencer a sus jefes de sus merecimientos para ser promovidos, usando todo tipo de argumentos, desde las amenazas veladas de renunciar hasta hacerlos sentirse culpables. En algunos casos, esta decisión tiene que hacerse de manera intuitiva. Algunos subordinados se sienten en los cuernos de la luna y ninguna evaluación de desempeño le dirá si están listos o no. En ocasiones, la decisión debe tomarse por instinto. Tony parece haber intuido que Christopher necesitaba más tiempo y en retrospectiva, era la decisión correcta.

Qué podemos aprender de esta decisión:

- **Confíe en sus instintos en algunas decisiones sobre la gente (en especial cuando la conoce bien).** Si bien confiar demasiado en la intuición lo puede meter en problemas, en este caso tiene mucho sentido. Hay ocasiones en las que no hay una claridad objetiva para saber qué hacer y, aparte de echar una moneda al aire, su mejor guía es su instinto. Cuando la decisión involucra a una persona que conozca bien, sus instintos le serán muy útiles. De acuerdo a su conocimiento de dicha persona y lo que implica el trabajo en particular, podrá decidir con bastante exactitud el camino a tomar. Es un buen barómetro, contrariamente a los intentos de su subordinado por convencerlo. Es fácil sentirse culpable cuando su colaborador lo va a ver con una mirada triste y desilusionada para darle a entender que se siente traicionado. También es fácil imaginar escenarios donde su negativa a promover a alguien lo obliga a cambiar de empleo y usted pierde una estrella incipiente. Tan fácil como es ceder a este sentimiento de culpa, debe darse cuenta que resistirse suele ser la mejor opción.

6. Si Tony debe interferir con un golpe de la banda para ayudar a un amigo

Ésta fue una de las primeras grandes decisiones que enfrentó Tony en su papel de líder. Se enteró que Junior planeaba liquidar al pequeño Pussy en el restaurante de Artie Bucco. Sabía que un golpe así perjudicaría al negocio de Artie y como era su amigo y Tony le da gran valor a la amistad, quería ayudarlo. Trató de convencer a Junior que considerara otras alternativas, pero Junior no quería recibir órdenes de Tony y le dijo, "Tú diriges North Jersey pero no diriges al tío Junior". Hesh aconsejó a Tony, dándole la gran idea de que Artie saliera de la ciudad por unas cuantas semanas, pero el plan de Tony de un crucero gratis para Artie y su esposa, Charmaine, fracasó porque ella no permitió que Artie aceptara un regalo de un pandillero. Finalmente, Tony pensó fuera de la caja y vio otra alternativa: incendiar el restaurante. Tony razonó que el incendio impediría el asesinato en el lugar y Artie cobraría el dinero del seguro.

Una de las fortalezas de Tony como hombre de decisiones es su disposición a explorar alternativas. Al principio, Tony intentó impedir el perjuicio sobre Artie hablando con Junior. Cuando eso no funcionó, acudió a Hesh, recibió un buen consejo y buscó que la idea funcionara. Cuando esto también falló, generó su propia solución. Tony no se encerró en una decisión ni se rindió cuando su primera opción se evaporó. Algunos líderes toman una decisión y se desilusionan en extremo si algo sale mal, a tal grado que buscan distanciarse del problema. Por su parte, Tony explora alternativas que lo llevan a soluciones ingeniosas.

Qué podemos aprender de la decisión de Tony:

- **Si al principio no lo logra, inténtelo de nuevo y vuelva a intentarlo.** Este adagio tiene una relevancia especial para líderes confrontando asuntos a los que les dan mucha importancia. Tony actuó por su amistad con Artie. En otras palabras, no es una decisión "pequeña" cuando está determinado a desbaratar el plan de Junior. Si las decisiones son importantes, los líderes deben usar el tiempo necesario y la paciencia exigida por la situación para explorar alternativas. Es interesante observar que las decisiones de Tony resultan progresivamente más creativas. Empezó con la opción bastante obvia de hablar con Junior; el plan de Hesh era más imaginativo; y la idea de Tony de incendiar el restaurante es realmente poco común. Algunas de las mejores decisiones que he visto tomar a líderes surgen cuando dos o más de las primeras opciones no funcionaron. Los fracasos pequeños y controlados energizan a los líderes orgullosos, estimulándolos a trabajar más duro y con mayor creatividad para lograr la solución.

5. Si debe matar al entrenador de Meadow

Tony y Carmela supieron que el entrenador de futbol de Meadow había tenido relaciones sexuales con una amiga y compañera de equipo. Se trataba del mismo individuo considerado como el mejor; Tony había usado sobornos e intimidación para lograr que se quedara como entrenador. Después del descubrimiento del abuso sexual, Tony y su grupo decidieron matarlo. Para estos hombres, abusar de una menor violaba todos los códigos. Al principio, ninguno (excepto Meadow) puso objeciones a la acción propuesta por Tony. Después, Tony habló con la Dra. Melfi sobre esta situación y ella le recomendó que dejara que el sistema judicial lo castigara. Lo más importante fue que también le preguntó a Tony por qué "tenía que ser siempre él que se encargara de todo".

TONY Y LA IMPORTANCIA DE ANALIZAR LAS RAMIFICACIONES DE UN GOLPE

"No quiero crear confusiones e insubordinación"

Tony todavía estaba más que dispuesto a matar al entrenador hasta que Artie cuestionó qué tan aconsejable sería hacerlo. Le dijo que asesinar al entrenador era objetable y que lo único que lograría sería sentirse mejor. Tony terminó emborrachándose y decidiendo no continuar con el asunto.

Éste es un gran ejemplo de por qué muchas veces no es aconsejable tomar decisiones emocionales. He visto a muchos altos ejecutivos embarcarse en programas, políticas y estrategias surgidas de la ira, el orgullo y la envidia. Toman decisiones emocionales a pesar de los consejos de que están actuando mal. Atrapados en su ímpetu emocional, eran demasiado testarudos para escuchar o estaban muy convencidos de lo correcto de su posición, para darle credibilidad a las opiniones de los demás. Para su suerte, Tony sí escuchó.

Qué podemos aprender de esta decisión:

- **Solicite otras opiniones y reflexione en ellas antes de decidir.** Aunque esté convencido de estar en lo correcto y que sabe lo que necesita hacerse, pídale su opinión a alguien de confianza, en especial durante el fragor de la batalla. Las personas bajo presión lidiando con aspectos emocionales pueden estar convencidas de saber lo que están haciendo, pero su capacidad de razonamiento puede estar fallando debido a la presión y la emoción. Lo más conveniente sería solicitar más de una opinión e información de varias fuentes. Si solamente la Dra. Melfi o Artie le hubieran dicho a Tony que matar al entrenador era una mala decisión, probablemente no hubiera hecho caso. Fue el peso acumulado de sus opiniones separadas pero concurrentes lo que le hizo reconsiderar. No estoy sugiriendo que usted tome todas sus decisiones basándose en la opinión mayoritaria ni que las posponga para obtener información de cinco o diez diferentes fuentes. No obstante, en algunos casos es muy útil escuchar la opinión de otros y asegurarse que se sienta cómodo con la cantidad de información que posee.
- **Consuma su energía emocional antes de actuar.** Tony aminoró parte de su furia y deseo de venganza hablando del terrible acto que

había cometido el entrenador. Claro está, no dijo "Eso que hizo el entrenador fue algo terrible", prefiriendo usar su forma de expresión tipo North Jersey, más colorida y cruda. Sin embargo, la clave consistió en hablar de cómo se sentía. Al hacerlo, sus acciones ya no estuvieron completamente dominadas por sus emociones. Se dio un tiempo para respirar y pensar. El hecho de emborracharse también le ayudó a disipar su ira. Si bien no recomiendo el alcohol como una herramienta para tomar decisiones, sí creo que muchos líderes tomarían mejores decisiones si expresaran sus sentimientos de una situación antes de dar un paso irrevocable.

4. Si debe someterse a terapia

Aunque la primera vez que conocimos a Tony ya estaba acudiendo a terapia y no sabemos cuál fue el proceso que llevó a Tony a dicha decisión, es posible especular cómo llegó a esta alternativa, basándonos en sus conversaciones con la Dra. Melfi. Es claro que ésta fue la clase de decisiones con las cuales luchan todos los líderes en algún momento de sus carreras. Aunque no todos los líderes deciden someterse a terapia (estoy suponiendo por lo menos que la mayoría no lo hace), sí se enfrentan a alternativas igualmente desafiantes que les provocan noches de insomnio. Ello se debe a que estas decisiones requieren sentar precedentes y romper tradiciones, soportando burlas y ridiculizaciones durante el proceso. Están temerosos de que sus decisiones los hagan parecer débiles o de alguna manera sospechosos a los ojos de los demás.

Tony no violó el tabú de la mafia de no hablar de los negocios de la familia con extraños. Le dijo a la Dra. Melfi, "En mi mundo, eso no se permite". Literalmente arriesgó su vida acudiendo a una terapia. De igual importancia, Tony tenía que superar un tabú cultural contra la terapia. La cultura italiana del viejo mundo prohibía buscar ayuda de extraños — persiste la creencia de que "podemos manejar las cosas nosotros mismos". En realidad es un edicto cultural existente en muchos grupos étnicos; los asiáticos de este país tienen aversión a pedir ayuda de extraños, incluyendo a la policía, prefiriendo resolver sus problemas ellos mismos. También es importante señalar que Tony no fue criado en una familia donde se alentara a externar los sentimientos. De hecho, el código de conducta machista obliga a ocultar los sentimientos.

Cuando los líderes deciden romper con tradiciones y arriesgarse a ser censurados, por lo general han hecho un análisis de riesgos detallado con el cual han determinado que vale la pena asumirlos. En el caso de Tony, decidió que estaba justificado arriesgar su vida para no experimentar más ataques de pánico. Esta decisión también dice mucho de la fortaleza de carácter de Tony y de su gran autoconfianza. Al correrse la voz de que está viendo a un psiquiatra, no se arrepintió de su decisión, sino que confrontó a su grupo con los hechos. No se disculpó ni racionalizó su decisión, tal como lo hacen algunos líderes al ser cuestionados por sus compañeros de trabajo. En vez de ello, comunicó con claridad que era lo correcto para él y que no afectaría al negocio.

Qué podemos aprender de esta decisión:

- **Vale la pena soportar reacciones negativas de corto plazo a una decisión cuando la ganancia a largo plazo es importante.** Dada la mentalidad de corto plazo de muchas organizaciones, los líderes tienen dificultades para justificar este tipo de decisiones ante sí mismos. Y sin embargo, como lo descubrió Tony, las recompensas de la terapia a largo plazo valieron el precio que pagó. Si bien no hay duda que hablar de este tipo de cosas con su gente le produjo incomodidad, se dio cuenta que, de no continuar con la terapia, probablemente se desmoronaría o por lo menos funcionaría muy por debajo de su capacidad. Una decisión similar en una empresa podría involucrar una reducción de personal para garantizar la viabilidad futura de la compañía. En el corto plazo, este líder de la disminución de personal sentirá el calor tanto interna como externamente. A largo plazo, sin embargo, esta acción puede ayudar a la empresa a tener una mayor estabilidad financiera y ser capaz de evitar una reducción más profunda en el futuro.
- **Es importante poseer suficiente poder e influencia para capear el temporal provocado por este tipo de decisiones.** Cuando se le da la espalda a la tradición y se invita al criticismo, necesita estar preparado para soportarla, que en el mejor de los casos lo hará sentirse muy mal y en el peor puede desembocar en la pérdida de su empleo. Por tanto, antes de tomar la decisión, determine si realmente está en posición de nadar contra la corriente. ¿Tiene enemigos en la organización que aprovecharán esta decisión para forzar

su despido? ¿Tiene aliados poderosos que puedan discordar con su decisión pero de todas maneras lo apoyen? Las respuestas a este tipo de preguntas le ayudarán a determinar si ahora es el momento para decidirse. Quizá deba esperar hasta acumular suficiente poder e influencia antes de correr el riesgo.

3. Si le conviene salirse de la casa

Esta decisión es similar a la de un ejecutivo que deba decidir si le conviene aceptar una oferta de otra compañía después de haber pasado la mayor parte de su carrera con su empresa actual. También se asemeja a la situación de considerar una nueva posición dentro de la misma organización, que requiera mudar a su familia a otra parte del país o al extranjero. Estas decisiones no sólo demandan una relocalización física, sino también emocional; requieren olvidarse de un estilo de trabajo establecido a cambio de otro nuevo y desconocido.

Tomar este tipo de decisiones implica lo que yo llamo "madurez de liderazgo". Necesita comprender quién es y lo que espera lograr antes de decidirse con inteligencia y sagacidad. Le tomó a Tony cuatro años en convencerse que su matrimonio no estaba funcionando. Se dio cuenta en parte a través de las sesiones con la Dra. Melfi. En esos cuatro años, Tony ha estado tomando decisiones más consideradas pero menos reflexivas. Al conocerse mejor, se apercibió que quedarse en la casa con Carmela no hacía más que empeorar las cosas. Cuando se salió, fue incluso capaz de admitir que "es mejor de esta manera". En vez de mudarse lleno de rabia — como quizás lo hubiera hecho antes — Tony fue muy adulto en su salida, despidiéndose formalmente de su familia.

Tony también se enfrentó a obstáculos religiosos y pandilleriles al dejar a Carmela. Muchos católicos se niegan a divorciarse. Los miembros de la pandilla creen que los individuos incapaces de mantener unido un hogar probablemente tampoco puedan mantener unida a la gente en la calle. Y sin embargo, Tony obvió estos obstáculos por comprenderse a sí mismo y consciente del hecho que la continuación del matrimonio en ese estado no sólo sería destructivo, sino dañino para su esposa e hijos. Era muy consciente del daño que podría hacer cuando su mal genio lo dominara y su relación con Carmela había llegado a un punto en donde la ira explosiva siempre era una posibilidad.

Qué se puede aprender de esta decisión:

- **Sólo porque algo es familiar, no significa que sea bueno para usted.** Las personas se mantienen en sus empleos — y en sus matrimonios — más tiempo del que es bueno para ellos o sus empresas. Es difícil abandonar una situación que se ha vuelto tan cómoda como un zapato viejo. No sólo es difícil abandonar a un jefe de largo tiempo; también es duro cortar relaciones con un proveedor muy antiguo, o cambiar una política o un proceso en el que ha confiado por años. La conciencia de sí mismo es crucial para salirse de una larga relación que puede ya no estar funcionando. Si se conoce bien a sí mismo, podrá saber si está prolongando una situación por razones superficiales. Reconoce que sigue haciendo negocios con un cierto proveedor porque disfruta de los almuerzos mensuales; que no renuncia porque ha caído en una rutina placentera; que no se separa de su esposa porque ha pasado mucho tiempo sin estar solo. Tony tomó la difícil pero apropiada decisión de dejar a Carmela, pues el matrimonio ya no estaba funcionando y los líderes necesitan desarrollar el mismo tipo de autoconciencia para saber cuándo una cierta relación ha dejado de ser satisfactoria y productiva.

2. Si permitirle a Junior la ilusión de control

Tras la muerte de Jackie, Tony decidió no asumir formalmente el control de la familia. Prefirió dejar a Junior con la ilusión de tener el control. Mientras comía langostas con su grupo, Tony inició un diálogo sobre quién debería ser el jefe tras la muerte de Jackie y todos lo nominaron a él. Es obvio que Tony sólo estaba probando las aguas y midiendo el nivel de apoyo antes de tomar una decisión. Se dio cuenta que si asumiera el poder y se convirtiera en cabeza de la familia, lo más probable era una guerra con Junior y sus aliados. Tony deseaba hacer todo lo posible para preservar la paz, pero también quería mantener el control que sólo un líder posee. De esta forma, ideó el plan de darle el título a Junior pero guardarse el poder para sí.

Muchos líderes empresariales se resisten a este tipo de decisión. No están dispuestos a sacrificar una cierta cantidad de prestigio para mantener la paz. Por ejemplo, un vicepresidente ejecutivo se rehusó a aceptar la oferta de la compañía de una posición de director de operaciones con la promesa de ser promovido a director ejecutivo en dos años. El consejo quería permitirle al director ejecutivo de aquel entonces una salida honrosa y le prometieron al vicepresidente que asumiría rápidamente importantes responsabilidades de decisiones durante el periodo de transición. No obstante, se negó a aceptar diciendo que el consejo contaba con 30 días para nombrarlo director ejecutivo o se iría. Esto provocó una guerra en el seno del consejo que se propagó a todos los rincones de la compañía y dejó a sus ejecutivos furiosos y divididos. El consejo decidió no plegarse a los deseos del vicepresidente, quien renunció e irónicamente, el director ejecutivo tuvo que retirarse antes de un año por razones de salud.

Un verdadero líder como Tony no sólo está interesado en su gloria personal, sino en el éxito de la organización. Trata de acrecentar ambas cosas tanto como le sea posible. No me malentienda. No espero que los líderes sean desinteresados y se sacrifiquen. Sin embargo, Tony encontró la manera de evitar dañar a la organización y aun así poseer el poder real; simplemente sacrificó un poco de prestigio. Tony también tenía claro qué era lo importante para él; estaba más interesado en el poder y la influencia que en el título.

Qué se puede aprender de esta decisión:

- **El pensamiento creativo puede resolver el conflicto entre las metas personales y los intereses de la organización.** A primera vista, el conflicto entre las ambiciones del líder y los requerimientos de la organización parecen irreconciliables. Si usted desea llegar a la cima, tendrá que sacar de su camino a algunas personas valiosas. Si quiere apoderarse de los recursos necesarios para lograr los objetivos de su grupo, tendrá que tomar los recursos de otro grupo. En realidad, las soluciones creativas a los conflictos pueden evitar las animosidades entre las facciones en pugna, así como la pérdida de talentos. La clave radica en explorar alternativas, como lo hizo Tony durante su comida de langostas con su gente. Las personas se enfocan demasiado en decisiones de ganar-perder. Aunque no siempre es posible lograr un resultado ganar-ganar, la discusión de ideas entre gente inteligente puede generar una solución con la cual el ganador sacrifica un poco y el perdedor mantiene su prestigio.

1. Si debe matar a Pussy

Ésta fue la decisión más difícil y dolorosa para Tony. Discutió el tema exhaustivamente con Paulie y Sil, preguntándose qué hacer tras haber escuchado de Vin que Pussy los estaba traicionando. En lugar de mostrarse temperamental, Tony hizo el esfuerzo de averiguar los hechos; quería estar seguro de contar con información 100% precisa antes de tomar su decisión. A diferencia de Paulie, quien estaba dispuesto a matar a Pussy en el momento que escuchó que estaba trabajando para los federales, Tony fue metódico en la obtención y análisis de la información.

TONY Y SI DEBERÍA LIQUIDARSE A PUSSY

"Ésta es la decisión más seria que he tenido que tomar en mi vida. Necesito pruebas"

La analogía con una situación de negocios sería cuando un ejecutivo se entera que un subordinado ha hecho algo que merece el despido o por lo menos un castigo ejemplar. Esto puede implicar algo ilegal o falta de ética, o bien una falla de desempeño de algún tipo. Sea cual fuere la causa, los buenos líderes como Tony no reaccionan como Paulie y le dicen a una persona que está despedida. En lugar de ello, se abocan a un proceso de evaluación en dos niveles. Uno de ellos consiste en conjuntar los hechos sobre el asunto. Si los hechos confirman la descripción inicial de la infracción, el líder debe pasar al segundo nivel y evaluar cuál es el castigo adecuado para el crimen. En el caso de Tony, Pussy había violado el valor más sagrado de la familia. Cometió un crimen capital y merecía la pena capital. Tony encaró el problema frontalmente y asumió la responsabilidad de liquidar a Pussy. Debido a su sólida relación con él, esto era muy difícil para Tony, pero su responsabilidad de liderazgo no le dejaba otra opción.

El proceso de evaluación de Tony fue correcto. Podría haber sido que Pussy no estuviera traicionándolos, que hubiera estado desarrollando un plan para determinar qué estaban haciendo los federales. Quizás simplemente estaba fingiendo ser un informador; se decidió a actuar como agente doble y ganarse el respeto de Tony por la astucia de su plan. Si bien no fue el caso, Tony reconoció la importancia de llegar al fondo del asunto, debido a que había otras posibles explicaciones. Tomar la decisión de despedir a un empleado valioso por muchos años tiene repercusiones en la organización. Si la gente considerara injustificado el despido, tendría un impacto negativo en la moral. Por consiguiente, es necesario actuar con serenidad, incluso cuando el crimen y su correspondiente castigo son muy obvios.

Qué podemos aprender de esta decisión:

- **No salte a conclusiones.** En otras palabras, no sea demasiado rápido en llegar a una conclusión en temas importantes por estar reaccionando emocionalmente o porque está bajo una gran presión para tomar una decisión. En el mundo de los negocios, los líderes saben que, como nunca antes, cada vez es menor el número de decisiones de tipo blanco y negro. Muchas veces no hay una respuesta correcta. Esto es especialmente cierto cuando se trata de decisiones de terminación. Es mucho más difícil despedir a alguien hoy en día que en el pasado y no sólo por razones legales. ¿Despediría a alguien cuyo desempeño ha desmejorado debido a que esa persona está pasando por un divorcio complicado? ¿Se deshace de un empleado de gran potencial por habérsele encontrado fumando droga en el baño de hombres? ¿Elimina a una estrella en ciernes por haber descubierto que se está entrevistando para otro empleo? Llevar a cabo una investigación de los hechos y hablar con el individuo en cuestión puede hacerle cambiar de opinión. Podrá averiguar lo suficiente para darle a esa persona otra oportunidad o incluso ayudarlo a crecer y desarrollarse. Claro está, si un colaborador ha cometido un acto ilegal o poco ético, es necesario investigar en detalle qué sucedió. Si el crimen es serio, el castigo debe ser congruente con el crimen.

GUIÍA PARA TOMAR DECISIONES VALEROSAS

Al analizar las diez decisiones más importantes de Tony, emergen tres temas clave que podrán proporcionarle una idea de lo que debe considerar cuando se enfenta a alternativas complicadas. Cuando Tony toma una decisión.

- La basa firmemente en creencias y valores.
- Piensa en todas las posibilidades para encontrar soluciones no tradicionales.
- Está abierto a las ideas y soluciones propuestas por los demás.

También es muy evidente la evolución de Tony como líder decisivo a través de reflexiones y aprendizaje. Los líderes efectivos comprenden bien sus propios procesos de toma de decisiones. Conocen sus prejuicios, puntos ciegos y vulnerabilidades. Rutinariamente analizan sus decisiones pasadas y tratan de aprender de ellas. Claro está, no tenemos un diario de Tony ni conocemos sus "revisiones después del hecho". Sin embargo, es muy probable que su percepción de la manera en que selecciona la mejor alternativa le ha ayudado a continuar mejorando con los años su proceso de toma de decisiones.

Sea consciente de las implicaciones de sus decisiones. Analice cómo llegó a una cierta decisión en el pasado reciente y qué hizo mal — o por qué escogió las mejores opciones. Más que lamentarse o atormentarse por sus malas decisiones o felicitarse por las buenas, vaya más allá de la aprobación o desaprobación llevando a cabo un análisis. Le será posible ver cómo giran los engranes del cerebro de Tony al ponderar una decisión. Este autoanálisis le permitirá tomar mejores decisiones.

AJÁ DE DECISIONES DE TONY

Opte por lo que está en su corazón, pero no tenga temor a usar su cabeza y mostrar cierta imaginación.

8

Comprender su profunda necesidad de destruir a la competencia

Desarrollar el conocimiento de sí mismos es vital para los líderes de la actualidad. Si usted estudia cualquier modelo moderno de liderazgo, encontrará que esta cualidad encabeza la lista. La gente que comprende el impacto que tiene sobre los demás y es consciente de sus debilidades y fortalezas está muy preparada para asumir papeles de liderazgo. En un mundo laboral diverso, donde los gerentes deben exhibir sensibilidad y empatía para ser efectivos, el viejo y frío estereotipo del líder está obsoleto. En el siglo XXI, uno de los requerimientos del liderazgo es la inteligencia emocional. Los ejecutivos tienen que ser muy conscientes de quiénes son y la forma en que su personalidad puede descarrilar sus carreras.

No hay duda de que hace algunos años, alguien en la posición de Tony podría haber sido efectivo incluso si careciera totalmente del conocimiento de sí mismo. Más aún que en el mundo corporativo, el líder de una pandilla de criminales podía ser tan insensible como una piedra y desempeñarse perfectamente bien. Si bien no soy experta, sospecho que Al Capone no era la persona más consciente de sí misma del mundo. Sin embargo, los tiempos cambian en todos los campos e incluso en la subcultura de Tony de New Jersey, relativamente aislada, este factor se ha vuelto importante para la efectividad del liderazgo. Tony no puede darse el lujo de que sus problemas emocionales afecten a sus decisiones; no puede permitir que su paranoia o crisis de identidad provoquen que reaccione inapropiadamente; no puede dejar que los problemas pasados sin resolver afecten a sus relaciones con la gente con la que hace negocios. En su organización, como en la mayor parte de las culturas corporativas, ya no existe mucha tolerancia hacia el líder superegotista o superexéntrico. Ambos tienen pocas habilidades para relacionarse con la gente, debido a su falta de autoconciencia, y ello constituye una sentencia de muerte en estas culturas.

Empecemos describiendo a un líder autoconsciente y las mayores similitudes de Tony con este perfil que muchos de los llamados líderes iluminados de la lista de Fortune de las 500 empresas más importantes.

ALGUNOS LÍDERES AUTOCONSCIENTES NACEN Y OTROS SE HACEN

Algunos individuos tienen virtudes naturales para conocerse a sí mismos, son introspectivos y muy curiosos en cuanto a su propia personalidad. Estas personas están ansiosas de penetrar profundamente en la comprensión de por qué hacen lo que hacen y aprender del pasado para lidiar con más efectividad con el presente. Son también los individuos que no ponen objeciones a la retroalimentación de 360° ni a involucrarse en discusiones sobre su comportamiento. Les gustan los programas de entrenamiento y están abiertos a casi cualquier oportunidad de aprender y mejorar su efectividad. En todas las situaciones, evalúan qué pueden aprender para aplicarlo en otros casos.

No obstante, no todo mundo es receptivo a la introspección y reflexión. De hecho, muchos contribuidores individuales muy hábiles y con un gran potencial de liderazgo, tienen dificultades para conocerse a sí mismos. Pueden ser muy densos cuando se trata de reconocer sus errores. Con frecuencia, las organizaciones contratan coaches para ejecutivos de alto potencial con problemas de comportamiento causados por ser poco autoconscientes, suponiendo que si estas personas aprenden a conocerse, se catalizará el cambio de comportamiento. Esta clase de individuos no funciona en entornos de equipos y no se lleva bien con la gente. También pueden exhibir problemas de transición a otros papeles por sus dificultades para adaptarse; carecen de la predisposición o percepción para reconocer cómo y por qué deben cambiar.

Si alguien como Tony (antes de acudir a la Dra. Melfi) trabajara para su organización, usted contrataría a un coach para ayudarlo. Es el clásico hombre de alto potencial con varios "aspectos" que pueden frenar su desempeño y desarrollo. Si usted estuviera pensando en traer un coach para Tony, tendría algunas dudas. A primera vista, parece ser alguien que se resistiría al coaching. Después de todo, fue criado en un entorno que no valora la reflexión ni la discusión honesta de los sentimientos; su madre ciertamente nunca pareció responsabilizarse de sus propios sentimientos. Considerando todo esto, no pensaría que Tony pudiera ser capaz de aprender sobre sí mismo. Y sin embargo, Tony, como muchos líderes de la actualidad, reconoce la relación entre quién es como persona y cómo se desempeña como profesional. Volverse más autoconsciente con los años fue el resultado tanto de sus propios esfuerzos para ser más consciente de sí mismo como persona, como del excelente coaching de la Dra. Melfi.

El proceso para convertirse en un individuo más autoconsciente suele requerir de alguien como la Dra. Melfi. Necesitamos rebotar nuestras ideas en alguien que no emita juicios. Una persona externa y objetiva suele estar en la mejor posición para desafiar nuestro concepto de quiénes somos y un coach capacitado es quien casi siempre está en la mejor posición para orquestar los cambios. Quizás pueda encontrar a alguien en su organización para desarrollar esta función, pero debe ser una persona que no se dedique simplemente a decirle lo que usted no quiere oír. Piense en lo que habría pasado si Tony hubiera ido con Junior siendo brutalmente honesto con sus dudas y periodos inconscientes. Junior lo hubiera liquidado en un abrir y cerrar de ojos.

Para llegar a ser autoconsciente, necesitará sostener un espejo enfrente de usted que le proporcione una imagen clara de quién es y la forma en que sus actitudes y acciones afectan a los demás. Los coaches de ejecutivos utilizan este proceso de imágenes solicitando retroalimentación sobre usted de su jefe, subordinados, pares, clientes e incluso miembros de su familia. Trabajan con usted para comprender sus modelos de comportamiento y cómo éste ayuda o perjudica a otros miembros de la organización. También pueden ayudarlo a examinar los orígenes de su comportamiento, suponiendo que, al lidiar con los aspectos subyacentes de su pasado, podrá manejar mejor las actitudes negativas actuales que dichos aspectos han generado. Por ejemplo, no es sorprendente ver que un líder que se basa en amenazas para impulsar el desempeño en el trabajo, proviene de un hogar donde la norma eran los azotes y la disciplina rígida.

TONY Y RECONOCER QUE EL PASADO AFECTA AL COMPORTAMIENTO PRESENTE

"Soy un cabrón delincuente de New Jersey"

Ya sea que tenga acceso a un coach de ejecutivos o desee desarrollar su conocimiento de sí mismo, necesita sostener el espejo enfrente de usted y examinar sus defectos y fortalezas sin pestañear. Esto implica aceptar algunas verdades dolorosas sobre sí mismo como persona y como líder. Piense en algunas de las duras verdades que Tony ha tenido que aceptar con los años. Por ejemplo, reconoce que los demás suelen considerarlo como muy manipulador. También ha aceptado que tiende al pánico, una verdad difícil para un tipo como Tony.

Quisiera que considerara las verdades que quizás deberá confrontar para volverse más autoconsciente. Los siguientes son algunos ejemplos de verdades que los líderes descubren sobre sí mismos al trabajar con coaches. Piense en estas verdades y vea si son aplicables a usted:

- ❑ Algunas veces embisto como un toro, tratando de impresionar a la gente con mi experiencia, debido a que en el fondo me siento inseguro sobre mi posición en un entorno cambiante.
- ❑ La gente es renuente a decirme la verdad porque me lleno de furia al escuchar malas noticias.
- ❑ He alcanzado mi posición de liderazgo porque soy un gran contribuidor individual y no por ser un gerente o comunicador particularmente bueno.
- ❑ No funciono bien con gente diferente a mí; tiendo a trabajar bien en un círculo pequeño de gerentes que se me parecen y evito a las personas con diferentes ideas u orígenes. Esto puede deberse a mi crianza y formación —he estado rodeado toda mi vida de gente de la clase media.
- ❑ Soy un complacedor. Me esfuerzo mucho por hacer felices a mis jefes y clientes y evito criticas a mis subordinados. Ha habido momentos en los cuales mi gente ha enredado mucho las cosas y he

sido tan gentil en mis críticas que probablemente no se dieron cuenta que habían hecho algo malo. Quiero gustarle a todos.

- ❑ En ocasiones, mi arrogancia me ciega en cuanto a lo que está sucediendo a mi alrededor. Realmente creo que controlo las situaciones, pero en el fondo me doy cuenta que temo hacer preguntas y aparecer como un ignorante.
- ❑ Si bien me gusta considerarme como un buen constructor de relaciones, sé que sólo lo logro superficialmente, pues me es difícil confiar en los demás. Mi madre se casó y divorció tres veces antes de que yo cumpliera quince años, nos mudamos con mucha frecuencia y eso me incapacitó para confiar en la gente. Siempre estoy en guardia cuando estoy con gente y creo que esto provoca que mis subordinados se comporten especialmente cautelosos en mi presencia porque no me abro. Me he quemado muchas veces.
- ❑ Me vuelvo defensivo cuando alguien critica mis ideas. Inmediatamente me enfoco en luchar más que en escuchar lo que dice la otra persona y determinar si es cierto. No puedo tolerar que mi idea no es perfecta... o que yo no soy perfecto.

Quizás estas simples verdades le han motivado a discernir las suyas. Si es así, tómese un momento y escríbalas. Quizás se dé cuenta de quién es y cómo impacta a las personas que trabajan con usted. Sin embargo, es más probable que tenga que pasar un buen tiempo con su propia Dra. Melfi. Examinemos la forma en que la Dra. Melfi ha ayudado a Tony y los beneficios que puede tener para usted.

NO LO INTENTE SOLO

Por qué necesita a alguien que penetre en su cabeza

Tony, como la mayor parte de los ejecutivos, tiene puntos ciegos, debilidades y motivaciones inconscientes que le causan tropiezos y provocan que sus decisiones, por lo demás sólidas, sean desconcertantes. Por mucho que lo desee, no es capaz de identificar y resolver estos puntos por sí mismo. Piense en la dificultad de lograr conocerse por sí mismo analizando a otro líder de su empresa. Escoja a alguien brillante y exitoso pero que siempre se meta en problemas en cierto tipo de situaciones o cuando trabaja con gente. Quizás es alguien que invariablemente tiene confrontaciones con otros líderes al ser incorporado a un nuevo equipo. A lo mejor es un gerente con un excelente conocimiento del negocio que no puede tomar una decisión importante ni que lo maten.

Estas personas no están tratando deliberadamente de complicar las cosas. Si pudieran, evitarían provocar luchas amargas con sus pares o complicar las cosas cuando se trata de tomar una decisión importante. Como lo ha descubierto Tony, sin embargo, la mente humana suele jugar malas pasadas. En varios programas ha tenido sueños y fantasías que distorsionan la realidad. Sólo cuando habla con la Dra. Melfi se da cuenta que estas distorsiones son en realidad indicios de quién es, por qué hace lo que hace y cómo podría cambiar y volverse un jefe más efectivo.

No estoy sugiriendo que usted debe ver a una psiquiatra o ni siquiera a un coach de ejecutivos. No obstante, sí es útil obtener la ayuda de un amigo, colega o mentor perceptivo que determine tanto sus fortalezas como debilidades. Lo que usted está buscando es alguien suficientemente perceptivo acerca de quién es usted y lo bastante honesto para compartir su percepción. No se trata de llegar a ser autoconsciente sólo por serlo, sino como beneficio para ser un líder más efectivo. Vemos la forma en que la terapia de Tony con la Dra. Melfi lo ha convertido en un mejor líder.

TONY Y SU CONCIENCIA DE LA DUALIDAD QUE GOBIERNA NUESTROS PENSAMIENTOS Y ACCIONES

"He encontrado que debo ser el payaso triste, riendo por fuera y llorando por dentro"

Aunque Tony inició su terapia para eliminar sus recurrentes ataques de pánico, no sólo logró su objetivo primario, sino que obtuvo otros beneficios relacionados con su negocio. Asume una actitud muy abierta y flexible en la terapia. De manera casi intuitiva, reconoce que no se trata de un conjunto de cosas sin sentido, pues tienen utilidad práctica. Tony es un líder muy pragmático y comprende con gran rapidez que el papel de la Dra. Melfi puede ampliarse de un terapeuta tradicional a un cierto tipo de "consigliere". Por esta razón, Tony usa algunas veces sus sesiones para referirse a aspectos de negocios, sondeándola sobre sus opciones y la forma en que sus demonios e impulsos personales pueden afectar a sus decisiones. Con las percepciones de la Dra. Melfi, Tony es capaz de relacionar ideas dispares que nunca hubiera podido conectar por sí mismo.

Por ejemplo, cuando Christopher le dijo que lo debería haber elogiado por su trabajo en el contrato de las Triborough Towers, Tony acepta que tiene algo de razón, pero añade que sus padres nunca lo felicitaban o apoyaban y eso tiene una gran influencia en la manera como trata a Christopher y los demás. De una manera muy sutil pero efectiva, Tony está compartiendo su vulnerabilidad con Christopher para mitigar sus sentimientos lastimados. La habilidad de Tony para conectar cómo fue criado y cómo trata a Christopher no sólo ayuda a solidificar su relación, sino que también constituye una señal de precaución para evitar este tipo de error en situaciones futuras similares.

Formar relaciones sólidas con un grupo diverso de personas es crucial para el liderazgo moderno, pero muchos ejecutivos son poco hábiles para esto. Un alto ejecutivo típico tiende a ser muy bueno para formar solamente cierto tipo de relaciones. Por ejemplo, algunos líderes son excelentes cuando se trata de trabajar con gente con formaciones similares, pero terribles con personas diferentes a ellos. Conozco un ejecutivo que sólo puede relacionarse con individuos de antecedentes privilegiados — escuelas y universidades del mismo tipo, programas de entrenamiento parecidos — y se torna arrogante y ceñudo con sus subordinados provenientes de caminos más "comunes" de la vida. También existen gerentes muy buenos para relacionarse hacia arriba, pero muy malos para relacionarse hacia abajo (o viceversa). Y hay algunos que pueden relacionarse bien con su círculo íntimo pero contemplan a los extraños con sospecha e incluso paranoia.

Muchas veces se requiere un coach de ejecutivos u otro tipo de opinión externa para que estas personas se den cuenta que no sólo tienen vidas laborales insulares y que esa insularidad esta perjudicando a sus carreras y empresas. Cierto es que estos individuos son un tanto conscientes de su actitud favorable a sus círculos íntimos o a individuos específicos del grupo, pero no perciben las grandes implicaciones de su favoritismo. Lo más importante es que no se dan cuenta de la necesidad de trabajar conscientemente en ser más incluyentes, en establecer un terreno común con los demás y en adaptarse a las necesidades de un mundo más diverso. Un coach o confidente puede sacar a la luz todos estos aspectos de manera precisa, ofreciendo retroalimentación de otros o conduciendo a la persona a su autoconcientización con una serie de preguntas. La Dra. Melfi es muy hábil para esta técnica de cuestionamientos y Tony se siente muy recompensado con las contestaciones a las preguntas.

Ningún coach externo o terapeuta genera esto de la noche a la mañana. Es un proceso incremental y el progreso se logra por la acumulación de pequeñas percepciones que van adquiriendo fuerza en la mente de las personas. Desde que Tony empezó a ver a la Dra. Melfi, gradualmente se apercibió de sus fallas y del impacto sobre sus decisiones. Si bien algunas veces se impacienta con este proceso, sabe que le ofrece beneficios reales. Por ejemplo, se ha vuelto más capaz de establecer y mantener una amplia gama de relaciones. Es más hábil en el manejo de relaciones inherentemente tensas, como le sucede con su hijo AJ. Hubo un momento en que le gritó a AJ diciéndole que sus excusas eran inaceptables y que no era suficientemente tenaz. En vez de dejar las cosas así, con resentimientos, Tony hace un esfuerzo por reparar la relación, reconociendo que su temperamento agresivo le hace decir cosas que realmente no quería decir. Lleva una pizza a la casa, sabiendo que a AJ le gusta, y le dice, "Siento haberte hablado en la forma que lo hice. Estaba equivocado". Asumir la responsabilidad de sus propias acciones es indicativo de un individuo autoconsciente, y en este caso, le proporciona a Tony la motivación y la capacidad de enmendar la situación con su hijo. Tony le dice a su hijo que se ve a sí mismo cuando lo ve a él y que mantiene ocultos sus sentimientos y reacciona sin pensar. Es obvio que AJ aprecia la honestidad y apertura de Tony. Más que eso, AJ adora que su padre hable con él de manera respetuosa y adulta. Sin esta mayor percepción de sí mismo, Tony nunca hubiera podido relacionarse con AJ de esta manera.

Otra razón importante para usar terapeutas o coaches está relacionada con el concepto de cambio del comportamiento. Muchos líderes empresariales tradicionales se resisten al coaching, convencidos de que ni ellos ni su gente cambiarán. Cuando son confrontados por un subordinado directo que tozudamente persiste en un comportamiento contraproducente, más de uno ha dicho, "Nunca cambiará". Los terapeutas y coaches no son magos que transformen a la gente en una versión opuesta. No obstante, sí proporcionan el ímpetu y las técnicas para que las personas ajusten algunos aspectos de su personalidad y esto puede ser la gran diferencia entre un líder inefectivo y uno efectivo. Los coaches pasan mucho tiempo enseñando nuevos comportamientos, permitiendo a sus clientes practicar nuevas actitudes y retroalimentándolos. Al practicar el nuevo comportamiento con un coach, la gente suele integrarlo a sus rutinas de trabajo.

Por ejemplo, Tony se vuelve un poco menos "fanático del control" con la ayuda de la Dra. Melfi. Su disposición a ceder algo de control puede verse en la evolución de su relación con Carmela. Cuando la familia se da cuenta que Carmela está seriamente considerando separarse, Tony termina por reconocer que su negativa a salirse de la casa está haciendo más mal que bien. Mudarse es la forma de Tony de reconocer que su intento de controlar la situación ha fracasado. También deja de intentar controlar y manipular a Carmela a través de sus mentiras y engaños. Por primera vez, está dispuesto a reconocer la hipocresía de su relación y tiene una conversación cándida con Carmela sobre sus sentimientos mutuos y su matrimonio.

Tony también se ha convencido de ceder parte del control en sus relaciones de negocios. Casi al mismo tiempo de su cándida conversación con Carmela, decide no liquidar a Carmine, reconociendo que esta decisión puede costarle algo de poder y control. Sin embargo, en su nuevo estado autoconsciente, Tony percibe que la pérdida de parte de su poder y control puede ser una mejor alternativa que proceder con su idea original, pues sospecha de los motivos de Johnny Sack para recomendar la acción.

En última instancia, lo que Tony obtiene de la terapia es lo que cualquier líder de negocios logra con el coaching; la oportunidad de expresar ideas y recibir consejos de un "extraño" que no emite juicios. En las organizaciones, mucha gente guarda en el pecho sus ideas y emociones. Cuando no expresan verdaderamente cómo se sienten o piensan, sus personalidades "reales" quedan ocultas. No es posible desarrollar una actitud autoconsciente cuando se oculta de manera intencional la verdadera personalidad.

La Dra. Melfi deja que Tony sea él mismo. Con ella, más que con ninguna otra persona, él es capaz de expresar sus mayores temores y sus sueños más profundos, y esta expresión le ayuda a desarrollarse y crecer como persona y como líder. De hecho, se puede ver a Tony "compartiendo" estas partes secretas de su persona con "internos" sin que funcione bien. Cuando Tony y Carmela están en un restaurante y él le cuenta por primera vez que está sometiéndose a terapia, ella responde,

"Eso está muy bien y es una actitud valiente". Él después continúa contándole que "siente que su vida está desbalanceada y nuestra existencia en la tierra es un rompecabezas". Espera que Carmela escuche como lo haría la Dra. Melfi y haga preguntas que le ayuden más a aclarar sus sentimientos. Pero Carmela se lanza de inmediato a un soliloquio de que su hija la odia y Tony regresa al instante a su estilo paternalista y controlador. Después, Tony le confiesa a Hesh que está viendo a un psiquiatra, esperando que él le proporcione el mismo tipo de percepciones que ella, preguntando, "¿Qué me sucede?" Hesh, como Carmela, empieza a hablar de sus propios problemas y la escena termina con una toma expresionista, Tony en un extremo del cuarto y Hesh en el otro, simbolizando la distancia que los separa. Lo importante es señalar que no cualquiera puede ayudar a una persona a ser más autoconsciente. Se trate de Tony o de un líder empresarial, es necesario encontrar a alguien que escuche con empatía, ofrezca consejos sabios y no emita juicios.

ENCUENTRE A SU DRA. MELFI

Para generar autoconciencia, el primer paso es buscar su propia versión de la Dra. Melfi. Quizás encuentre a esta persona en su propia organización — los pares actuando como coaches o mentores pueden ser extraordinariamente efectivos — pero también debe considerar la posibilidad de un coach externo. Los coaches experimentados le proporcionan la perspectiva y herramientas necesarias y pueden conducirlo en formas que quizás los internos no sean capaces de lograr. Cualquiera que sea su elección, recuerde que necesita encontrar a alguien en quien pueda confiar y que le ayude en este proceso de descubrirse a sí mismo. Para ello, las siguientes son algunas de las características que debe buscar en su Dra. Melfi:

- Que sepa escuchar; posea la habilidad de prestar atención, excluyéndose a sí mismo.
- Disposición a hacer buenas preguntas desafiantes.
- Que le ayude a pensar en las cosas por sí mismo; no aconseja a menos que se le pida.
- Sea digno de confianza.
- Lo acepte a usted como es y no haga juicios.

- Que no trate de cambiarlo a algo que no es.
- Poseedor de habilidades y percepción para ayudarlo a modificar los aspectos que desea cambiar.
- Que no tenga una agenda personal.
- Que se interese en usted como persona.
- Que le enseñe nuevos enfoques y técnicas para lidiar con situaciones difíciles.
- Que le proporcione retroalimentación honesta.

No haga esta búsqueda más difícil de lo que es. No está buscando a Yoda o el Dr. Freud. El individuo escogido sólo necesita ser bueno, empático y dispuesto a escuchar y ofrecer sugerencias cuando resulte apropiado. Es muy probable que en su organización exista cuando menos una persona que encaje en esta descripción y lo más seguro es que podrá escoger entre varias.

Puede expresar su solicitud de ayuda de la manera que más le acomode, pero debe ser honesto en cuanto a su objetivo de volverse más consciente de cómo es percibido en el lugar de trabajo y cómo afecta a los demás. Muchas personas entienden este objetivo y estarán encantadas de acceder a sus deseos. No necesitará ocupar una gran parte de su tiempo. En esencia, si están disponibles para reunirse con usted una o dos veces por mes y están "en servicio" para emergencias, con eso es suficiente.

Una vez identificada la persona que actuará como su coach, debe pensar en los aspectos que quiere discutir. No cometa el error de basarse en dicha persona para un consejo puramente de negocios que podría obtener de su jefe o el tipo de ideas que podría pedirle a un subordinado directo. Esto es personal, no negocios. O cuando menos, el propósito es elevar su nivel autoconsciente, lo cual implica que los temas planteados deben relacionarse con sus temores, incertidumbres y otras intersecciones entre sus vidas profesional y personal.

El siguiente ejercicio le ayudará a determinar las preguntas apropiadas e inapropiadas, y lo mismo para las respuestas. Las preguntas servirán para definir la clase de aspectos que usted debe poner en el tapete para conocerse mejor a sí mismo. Y las respuestas apropiadas le guiarán en su búsqueda de su Dra. Melfi personal.

Preguntas:

¿Cuáles son las preguntas apropiadas? ¿Cuáles son inapropiadas?

1. ¿Por qué tengo tantas dificultades para confrontar un desempeño inapropiado?
2. ¿Por qué mi subordinada Donna es una perra? ¿No es odiosa?
3. Sé que estoy haciendo un excelente trabajo y debería haber sido promovido hace mucho. ¿Por qué nadie parece darse cuenta?
4. ¿Por qué me resulta difícil elogiar a alguien cuando hace un buen trabajo?
5. Me siento muy confundido con lo sucedido en esa reunión y lo que necesito hacer para corregirlo; ¿por qué no me dices cuál es la acción correcta?
6. Temo dar un paso en falso y no avanzar; ¿puedes ayudarme a analizar mis opciones?
7. Mi equipo no parece estar trabajando bien y no sé por qué. ¿Cuál crees que pueda ser el problema?
8. No sé si debería despedir a mi subordinado por todas sus equivocaciones; ¿crees que ser merece ser despedido?
9. Dime exactamente qué debería hacer de manera diferente para que mi gente me perciba como un líder más amable y gentil.
10. He llegado a un nivel bastante alto en la organización actuando de cierta manera, pero se me ha dicho que necesito adaptarme a la nueva cultura; ¿cómo puedo cambiar de manera de ser en algo que me ha traído hasta aquí?

Preguntas apropiadas; 1, 3, 4, 6, 7, 10
Preguntas inapropiadas; 2, 5, 8, 9

Como probablemente lo habrá adivinado, las preguntas que le exijan a su consejero decirle qué debe hacer, contarle rumores o hacer juicios, son inapropiadas. Como lo demuestra Tony, logra lo máximo de sus sesiones con la Dra. Melfi cuando explora las motivaciones subyacentes a las acciones y considera las implicaciones de actuar de ciertas maneras. La Dra. Melfi lo alienta a reflexionar y comprender y de esta manera, aprende sobre sí mismo en vez de sólo aprender lo que debe hacer. Como resultado, crece como persona y como líder.

Veamos ahora las respuestas a unas cuantas de las preguntas para saber cómo lo pueden ayudar su versión de la Dra. Melfi. Incluyo tres de las preguntas apropiadas, seguida cada una de una respuesta apropiada y una inapropiada.

1. ¿Por qué tengo tantas dificultades para confrontar un desempeño inapropiado?
   Respuesta apropiada: ¿Piensa que podría herir los sentimientos de la persona? ¿Cree que usted dejará de ser de su agrado? Considere su historial de lidiar con gente que lo ha desilusionado; ¿alguna vez le ha dicho llanamente a alguien que no estaba haciendo un buen trabajo y que necesita mejorar? ¿O es su modelo personal evitar las confrontaciones a toda costa?
   Respuesta inapropiada: Quizás usted tiene tantas dificultades en confrontar a los empleados de mal desempeño porque es un mequetrefe. No lo niegue. Tiene miedo de que le griten. Tiene que parecer duro o la gente lo pisoteará.

3. Sé que estoy haciendo un excelente trabajo y debería haber sido promovido hace mucho, ¿por qué nadie se ha dado cuenta?
   Respuesta apropiada: ¿Cómo reaccionaban sus padres cuando sacaba buenas calificaciones en la escuela? Quizás no está acostumbrado a recibir elogios y aliento y algunas veces usted puede hacer un excelente trabajo y no recibir nada a cambio. Usted dice que "nadie parece darse cuenta". Suena como si no estuviera muy seguro. Quizás le convendría hablar con su jefe sobre su desempeño y la posibilidad de una promoción.
   Respuesta inapropiada: Suena como si trabajara para un conjunto de ingratos. Si no reconocen la clase de empleado que usted es, sálgase y entre a una empresa que lo aprecie.

7. Mi equipo no parece estar trabajando bien y no sé por qué. ¿Cuál cree usted que pueda ser el problema?

Respuesta apropiada: Si usted pudiera agitar una vara mágica y el equipo pudiera comenzar de repente a trabajar con efectividad, ¿cuál podría ser esa vara? Describa cómo sueña que pudieran trabajar en conjunto, ¿qué podrían hacer específicamente para que usted les permitiera trabajar más rápido, con mayor creatividad y más efectividad? Tras pintar esta imagen y considerar la realidad del equipo, ¿cuál es el impedimento? ¿Es un individuo? ¿El proceso del equipo? ¿Objetivos excesivamente ambiciosos?
Respuesta inapropiada: Los equipos no trabajan bien en conjunto debido a conflictos de personalidades. Elimine las personalidades inadecuadas y verá que regresará a la buena senda con gran rapidez.

Como lo indican estas respuestas, su consejero usa una técnica de preguntas para ayudarlo a pensar con mayor profundidad en los temas discutidos. También son buenos los comentarios que lo empujen gentilmente hacia una reflexión honesta. Sin embargo, lo que no funciona son pronunciamientos o recomendaciones generales. El consejero pedante es apenas algo más que un libro de texto parlante, que no facilita el diálogo ni crea autoconciencia.

PASOS PARA EL NIVEL AUTOCONSCIENTE

Cómo lograr un nivel de comodidad cuando se siente incómodo

Al empezar a hacer preguntas sobre sí mismo y examinar sus motivaciones, se encontrará operando fuera de su zona de comodidad. La jornada de Tony hacia su nivel autoconsciente ilumina con brillantez la naturaleza zigzagueante de la jornada. Después de todo el trabajo con la Dra. Melfi y su introspección, Tony aprende algunas veces cosas sobre sí mismo que lo hacen sentirse incómodo. Por ejemplo, sabe que una de las causas de sus vértigos es estar cerca de la carne. Repentinamente recuerda que la primera que vio a su padre en una escena violenta fue cuando le cortó un dedo al carnicero por haberse retrasado en el pago de su préstamo. Es un recuerdo atemorizante, pero al visualizarlo, Tony es capaz de controlar sus vértigos.

También es necesario tomar en cuenta que hallará algunas críticas en su análisis interno y exploración de sus sentimientos. En todas las organizaciones encontrará personas que consideran la autoconciencia como algo irrelevante o que se sienten amenazadas por quienes son abiertos y reflexivos. Usted probablemente conoce a unos cuantos en su empresa que hacen escarnio de líderes que piensan antes de actuar o que están dispuestos a compartir sus debilidades con otros. Aunque los demás no lo critiquen, usted puede criticarse a sí mismo. He conocido líderes que han sido ayudados por coaches para ejecutivos y varias veces durante el proceso han cuestionado su propia disposición a revelar temores y defectos. Han sido condicionados a creer que estas revelaciones son tabú.

Considere el acondicionamiento de Tony. En su familia, expresar sentimientos (aparte de la ira) era un pecado mortal. Revelar secretos podía conducir a la muerte. Cuando comienza a consultar a la Dra. Melfi, Tony está preocupado, pues de saberse, se le tomará como débil y este conocimiento puede motivar a otros a eliminarlo de su posición. Con el tiempo, Tony expresa otras dudas de sí mismo en cuanto a sus deseos de comprender por qué hace lo que hace. Teme no tener todo bajo control — puede estar cometiendo un error al conocer al "monstruo" que vive dentro de él. Al principio de su terapia, Tony le pregunta a la Dra. Melfi, "¿qué le sucedió a Gary Cooper, el tipo fuerte y callado? Era un norteamericano. No estaba en contacto con sus sentimientos. Simplemente hacía lo que tenía que hacer". En esencia, está cuestionando por qué Gary Cooper, un héroe clásico, podía evitar ser introspectivo y él no puede. Quiere saber por qué todo debe ser tan complicado. Cuestiona la validez de la terapia y si tiene alguna aplicación práctica en su vida.

Muchos líderes con quienes he trabajado piensan de manera similar a Tony y abrigan dudas sobre el valor de la conciencia de sí mismos, en especial en cuanto a su aplicación a la efectividad del liderazgo. Uno de ellos, un alto ejecutivo llamado Jane, consideraba el coaching con gran hostilidad. Los héroes de negocios de Jane de la generación anterior eran similares a Gary Cooper. Aunque pueden no haber sido de tipo fuerte y callado, odiaban dejar que alguien con quien trabajaran lo conociera bien. Tampoco admitían nunca reflexionar en la forma en que sus propios demonios y deseos personales afectaban a su liderazgo o a su comportamiento gerencial. Como resultado, Jane sentía que el liderazgo simplemente se refiere a hacer su trabajo lo mejor posible, sin tener que preocuparse de sus emociones o de las de los demás. Era una defensora de liderar "con naturalidad"; decía que el liderazgo debe ser instintivo y no algo en lo que se deba pensar. Jane estaba amenazada por su formación emocional, aunque en un principio no se había dado cuenta. En consecuencia, cuando finalmente comenzó a trabajar con un coach ejecutivo y a conocerse a sí misma, se resistió fieramente a lo que iba aprendiendo.

También existe cierta renuencia a la autoconciencia entre personas como Jane o por parte de su guardián interno. En ciertos casos, Tony también huye de sus descubrimientos. En más de una ocasión, le ha dicho a la Dra. Melfi que ya no volverá a verla o bien ha negado con vehemencia lo que ha aprendido de su personalidad más recóndita. Al final de la temporada más reciente, Tony le dijo a la Dra. Melfi que ha terminado con la terapia, en parte porque tiene problemas en el manejo de lo que vislumbra en la noche oscura de su alma.

Las negaciones de Tony siempre lo meten en problemas: no caiga en la misma trampa. Cuando Tony está en sus mejores momentos es considerado y está dispuesto a rastrear su comportamiento hacia el pasado, compartiendo experiencias con la Dra. Melfi que no comparte con nadie más. También es muy elástico; usted debe tratar de desarrollar esta misma flexibilidad al ir aprendiendo de sí mismo y de la forma en que su comportamiento impacta en aquellos con quienes trabaja. Cuando se le revela algo importante — como sentirse angustiado por no haber recibido una promoción en los dos últimos años o por qué tiene problemas en trabajar con un cierto grupo — tenga en cuenta la siguiente lista de verificación:

- Determine si automáticamente negó lo que acaba de saber; ¿se dijo a si mismo reflexivamente que no podía ser cierto?
- Pregúntese si de inmediato culpó a alguien más de lo que acaba de saber; ¿encontró un chivo expiatorio para un problema del cual usted es responsable?
- Analice si cayó en la trampa de rechazar el valor del autoanálisis; ¿le atemorizó tanto lo que aprendió de sí mismo que prefirió descartar la autoconciencia como herramienta útil?
- Reconozca cuando se está mintiendo a sí mismo para deshacerse de sus sentimientos incómodos; ¿rechazó una verdad sobre su personalidad porque lo incomodaba?

Una de las características distintivas de los líderes como Tony es su fortaleza interna. Pueden absorber verdades dolorosas sobre sí mismos y usar la información para ajustar sus comportamientos. Tony no se paraliza por lo que descubre de su persona ni la oculta con furia (por lo menos no por largo tiempo). Lucha con las verdades sobre sí mismo y las usa para ser un jefe más efectivo.

Reconozco que la autoconciencia no es siempre un objetivo fácil para un líder en una organización. Por fortuna, Tony también reconoce la dificultad de lograrlo. Si fuera el autor de un libro llamado *Guía de Tony para la autoconciencia ejecutiva,* incluiría los siguientes consejos:

La introspección no es para los débiles. No soy un tipo excesivamente sensible y ponerme en contacto con mis sentimientos es mucho más difícil que ponerme en contacto con mi agente de bolsa. Espere encontrarse con recuerdos dolorosos y tener que absorber retroalimentaciones duras. Pero, ¿sabe qué? La autoconciencia lo convierte en un jefe más auténtico y si hay algo que la gente respeta es la autenticidad.

No se autoflagele por ser menos perfecto de lo que creía. Mientras más aprenda sobre quién es, más se dará cuenta de sus deficiencias en ciertas áreas. Es difícil absorberlo. En mi vida, todo mundo cree que tengo todas las respuestas y quizás yo también lo creía, pero ahora sé lo que no sé. Como soy consciente de mis limitaciones, acudo a otros que poseen las dotes de las cuales yo carezco.

Asuma la responsabilidad de ser lo que es. En lugar de enfrentar la verdad, se va a sentir tentado a deshacerse de la carga y dar excusas por los líos que genera. No lo haga. Usted quiere ser un miembro pleno de su organización; debe demostrar que se puede sostener de pie. Los gimoteadores, los que siempre se excusan y los que señalan con el dedo no avanzan y lo que es peor, no aprenden de sus errores. Podría culpar a mi madre de todos mis defectos — quizás lo merezca — pero no me servirá de nada.

TONY Y LA NECESIDAD DE ASUMIR LA RESPONSABILIDAD DE SUS PROPIAS ACCIONES

"Yo causé todo esto"

Haga un juramento de sangre para cambiar. Nada de todo este asunto de la autoconciencia sirve para gran cosa a menos que haga algo al respecto. Sólo saber que usted abusa de sus empleados porque su padre abusaba de usted no vale un comino a menos que haga algo con ese conocimiento. Quizás el hecho de comprender que usted abofetea a Joey porque su papá lo abofeteaba a usted lo hará más consciente de esa tendencia, así, cuando Joey eche a perder algo, no lo abofeteará — o cuando menos no lo hará tan fuerte.

NADIE ES SIEMPRE AUTOCONSCIENTE

Como seguramente habrá notado, hay casos en los que Tony se olvida tanto de sus demonios y deseos como el resto de nosotros. Los jefes realmente necesitan ser más autoconscientes en vez de obsesivamente conscientes. Incluso con la experta ayuda de la Dra. Melfi, Tony recae algunas veces y se olvida de analizar su motivos para hacer algo o no recuerda los disparadores que le hacen perder su temple y actuar de manera autodestructiva. Por consiguiente, no se fije objetivos de autoconciencia poco realistas. En un sentido práctico, sólo quiere aumentar su nivel de autoconciencia de por qué hace lo que hace. Usted quiere insertar alarmas mentales para acordarse de ver en su interior antes de dar un paso en el exterior. Es de esperarse que ignore estas alarmas en ciertos momentos o que incluso no las oiga. En el calor del momento, es fácil olvidarse de ser autoconsciente. Sin embargo, el solo hecho de comprometerse a ser más autoconsciente puede hacer una gran diferencia en su forma de liderar. Este compromiso — que implica encontrar a su propia Dra. Melfi — provocará en forma natural que sea más reflexivo y autoanalítico.

AJÁ DE AUTOCONCIENCIA DE TONY

Controle sus demonios antes de que ellos lo controlen a usted.

9

Análisis de Tony

Tomar lo mejor y dejar el resto

Incluso el fanático más ardiente del liderazgo estilo Sopranos reconoce que no es un estilo sin tacha. Si usted adoptara religiosamente los métodos de Tony, terminaría cometiendo una serie de pecados que pagaría a un alto precio, tanto desde el punto de vista empresarial como del personal. Lo que espero que haya aprendido es que Tony Soprano y su organización sirven como inspiración para un liderazgo más efectivo y no como un modelo a copiar.

TONY Y EL RECONOCIMIENTO DE SUS DEBILIDADES

"Tienes tendencias malas, Ralphie, y te comprendo porque yo también las tengo"

¿Cómo separar el grano de la paja? Aunque he tratado de señalar los aspectos negativos del estilo de Tony, entiendo que puede necesitar más ayuda para comprender lo útil y aplicarlo a su organización, así como lo que conviene evitar. Por fortuna, puedo proporcionarle esa ayuda aquí. O en realidad, deseo compartir el análisis de una firma de consultoría muy conocida, Nitpicki & Obvias (ONO). La buena gente de ONO ha analizado la organización y el liderazgo de Tony de la a a la z y generosamente me ha transmitido sus percepciones sobre fortalezas y debilidades. Las he combinado con mi propio análisis, así como con sugerencias para capitalizar las fortalezas de los Soprano y evitar sus debilidades.

Sin más preámbulos, examinemos el reporte ONO, empezando con la estrategia.

LA ESTRATEGIA SOPRANO

Fortalezas

- Buen plan de negocios.
- Portafolio diversificado.
- Enfoque tanto en las utilidades como en los ingresos.
- Fuerte énfasis en nuevos negocios.
- Enfoque en el cliente.

Debilidades

- Falta de visión.
- No hay evidencia de planes a mediano plazo.
- No está maximizando el potencial de desarrollo en el grupo de 35-40 años.

ONO señala que la estrategia de Tony es astuta y pragmática, pero que se queda un tanto corta en el aspecto de visión. Se regodean en sus habilidades de generación de nuevos negocios y en la calidad de su ejecución, pero citan a una autoridad de la talla de Carmela como evidencia de su miopía. Carmela insiste con Tony en la necesidad de planear el futuro con algún tipo de estrategia de inversiones para ella y los hijos. La gente de ONO incluye que Carmela está absolutamente en lo correcto al advertirle a Tony que si algo le pasara —que Dios no lo quiera— ella y los chicos quedarían desprotegidos. Tony está muy orientado al presente, en parte porque su presente es tan presionante y activo que tiene problemas para dar un paso atrás y mirar al futuro.

Mi experiencia es que los líderes son o visionarios o pragmáticos. Por lo general no son ambas cosas. Martin Luther King Jr. y John F. Kennedy fueron dos de los líderes más visionarios de nuestros tiempos, pero la historia continúa cuestionando su habilidad de ejecución. En general, los líderes visionarios se rodean en individuos orientados a los detalles y los pragmáticos casi siempre se rodean de pensadores y planificadores a largo plazo. Convendría que Tony desarrollara un plan a tres años con proyecciones de crecimiento, mejora de los márgenes y quizás una adquisición o dos —puede ser que haya llegado el momento de actuar sobre la familia de Nueva York. Como Christopher continúa cabildeando para asumir una mayor responsabilidad y Tony parece querer dársela, puede tener sentido para Tony trabajar en un plan de desarrollo a largo plazo que le ayudaría a Christopher a crecer de acuerdo a dicho plan.

Si usted es como la mayoría de la gente, encontrará resonancia en las habilidades de negocios y ejecución de Tony, pero conviene que esté advertido de los aspectos negativos de este enfoque estratégico. Las siguientes son algunas de las preguntas que debe hacerse cuando esté penetrando en nuevos mercados e implantando planes y programas.

- ¿Está avanzando con rapidez pero no está seguro en dónde terminará? ¿Está tan atrapado en la excitación de generar nuevos negocios e impulsar los resultados que ha perdido de vista hasta dónde quiere llevar el negocio en los próximos años? ¿Comprende su gente hacia dónde va?
- ¿Está trabajando con un modelo de tres años anticuado? ¿Se ha ensimismado tanto en aniquilar a la competencia que no ha considerado necesario si esta aniquilación es realmente necesaria, por no mencionar la efectividad de sus costos? ¿Ha decidido no actualizar su plan, pensando que está logrando tanto que seguramente está en la dirección correcta?

ESTRUCTURA DE LOS SOPRANO

Fortalezas

Estructura actual:

- Es clara y simple.
- Existe una clara rendición de cuentas.
- Es adaptable a los cambios y al mercado.
- Tiene fuertes procesos gerenciales.

Debilidades

Estructura actual:

- Puede no ser capaz de manejar un aumento de complejidad, en especial con más alianzas con socios extranjeros.
- Existe una superposición de responsabilidades en línea clave de negocios, que pueden causar confusión al ampliarse las operaciones.

- Requería una infraestructura ampliada para lidiar con la información.

Si bien ONO admira la forma en que Tony ha limitado su estructura a lo esencial y es muy responsiva a las necesidades del mercado, también muestran su preocupación por la incapacidad de dicha estructura para funcionar con una organización ampliada o globalizada. Uno de los consultores se refiere con cierta sorna al marco estructural de Tony como "primer curso de organización", haciendo comentarios desdeñosos en cuanto a que la forma básica de comunicación es un teléfono celular y que la estructura es tan simple que ni siquiera hay necesidad de ponerla por escrito. Aunque me gustaría ver a este consultor darle esta información a Tony en su cara, tiene algo de razón. Si la organización de Tony tuviera que crecer, tendría serios problemas para incorporar el crecimiento a su estructura actual. Por ejemplo, si tuviera que crear más sociedades y proyectos con grupos italianos y en otras partes, se enfrentaría a numerosas dificultades.

Primero, la estructura no asigna responsabilidades gerenciales claras a ninguna persona y Tony suele ser quien asume este papel. Tony se vería agobiado con gran rapidez si tuviera que manejar muchas relaciones con asociados y grupos de otros países; sólo los viajes consumirían grandes cantidades de tiempo y lo distanciarían de sus responsabilidades gerenciales primarias en New Jersey. Segundo, la estructura no está preparada para el inevitable aumento de complejidad. A medida que la familia Soprano expanda sus negocios y se involucre en más empresas legítimas, necesitará una estructura que fomente compartir el conocimiento y el trabajo en equipo. Para aprovechar las economías de escala y capitalizar la creciente base de conocimiento de la organización, necesitará sistemas de información y el tipo de estructura que disemine la información a la gente adecuada en el momento adecuado. En este momento, es difícil imaginar una sesión de teleconferencia en varios países con la participación de Tony, Junior, sus contactos italianos y un representante de un país en vías de desarrollo.

Si se siente atraído por la simplicidad y flexibilidad de la estructura de Tony y desea adoptar algunos de sus elementos en su grupo, haga lo siguiente:

- **No se enamore de la simplicidad sólo por ser simple.** En otras palabras, si bien recortar la gordura y reducir la carga burocrática tiene mucha lógica, también puede llevar a problemas cuando se están expandiendo las operaciones o lidiando con asuntos complejos como el de los mercados globales. Algunas gráficas organizacionales necesitan tener más niveles que otras, simplemente debido a la naturaleza del negocio. Tony tiene la idea correcta de mantener limpias las líneas de subordinación y minimizar los niveles, pero no simplifique de tal manera que perjudique a su negocio específico.

- **Pregúntese que problemas espera resolver con una estructura simplificada.** Algunas empresas están desesperadamente necesitadas de una simplificación. Sus infraestructuras están abrumadas con duplicaciones en muchas áreas y responsabilidades bizantinas. Típicamente, estas estructuras complejas fueron establecidas para lidiar con asuntos complejos, pero con el tiempo, se han ido añadiendo más y más nuevas posiciones y niveles, y ahora están sobrecargadas más allá de lo razonable. Es aquí donde alguien como Tony y su ojo por la simplicidad estructural resulta muy útil. Por otra parte, si usted tiene una estructura relativamente magra, quizás no se beneficiará si la hace todavía más espartana.

PRÁCTICAS DE GENTE

Fortalezas

- Relación clara entre desempeño y recompensas.
- Carreras definidas.
- Se comprenden los criterios para la promoción a capo.
- Se comunican los criterios para convertirse en miembro pleno.
- Los trabajos individuales parecen ser desafiantes.

Debilidades

- No hay evidencia de un proceso gerencial de evaluación anual de desempeño.
- Debilidad en los reemplazos.
  — No hay sustituto para Tony.
  — ¿Quién reemplazará a Ralph, que parece ser un MIA?
  —¿ Quiénes son los jóvenes y nuevos reclutas que se están preparando?
- No hay evidencia de un plan para construir capacidades de la organización.

En este caso, la firma de consultoría ONO identificó una de las mayores fallas de la organización de Tony; la falta de atención al talento y al desarrollo de talento. Admiten que Tony es un buen coach y que ha hecho un excelente trabajo para desarrollar a Christopher, pero éste está muy distante de poder tomar el lugar de Tony como cabeza de la familia. ¿Quiénes quedan? se preguntan los consultores. ¿Cuántos buenos años le quedan a Paulie? Su análisis revela que el liderazgo de la familia no encaja con Sil y el hijo de Carmine de Florida no parece un escenario factible. Tampoco ven a un sucesor lógico de Ralph e indican que, si Sean y Matt son la avanzada de los sucesores, Tony está en grandes problemas.

TONY Y LA NECESIDAD DE AUTOCONCIENCIA DE LAS TENDENCIAS AUTODESTRUCTIVAS

"Soy mi peor enemigo"

Aunque ONO elogia a Tony por la forma en que ata las recompensas al desempeño — y porque las personas tienen claro cómo lo están haciendo y si merecen una promoción — añaden que su organización tiene un cierto menosprecio por construir activos humanos. Como ejemplo de esta desconsideración, ONO cita lo ocurrido después de la muerte repentina de Gigi y la necesidad que tuvo Tony de nombrar a alguien para reemplazarlo. Tony analizó a los patéticos candidatos y nombró a Ralph porque era el mayor generador de negocios entre ellos, si bien era también un individuo que no le gustaba y que no compartía sus valores.

Aunque Tony forma fuertes relaciones con su gente, no estimula a los demás a hacer lo mismo. Los consultores me desafiaron a nombrar a algún otro constructor de relaciones en la organización de Tony y no pude hacerlo. Las relaciones entre Paulie, Christopher, Sil y Ralph (cuando vivía) eran débiles y ellos tampoco establecen sus propias redes. En realidad, tienen lacayos a quienes les dan órdenes. Como resultado, no construyen el tipo de contactos confiables y diversificados conducentes al intercambio de información e ideas; tampoco crean las clases de redes que les presenten nuevas oportunidades.

Los consultores de ONO sugirieron que Tony estuvo en lo correcto cuando trajo a Furio de Italia, explicando que salió a reclutar a un gran talento (Annalisa le dijo a Tony que Furio era su mejor empleado). Se trataba de un individuo joven de gran potencial, exactamente lo que la organización de Tony necesitaba para fortalecer la estructura y desarrollar a los futuros líderes. ONO critica a Tony, sin embargo, por nunca haber desarrollado a Furio. Tony lo usó como matón y chofer y Furio terminó por salirse, ostensiblemente por haberse enamorado de Carmela. Sin embargo, si Furio hubiera sido desarrollado adecuadamente, podría haberse evitado su involucramiento con Carmela al estar enamorado de su trabajo y de la manera en que se le estaba preparando para una posición de liderazgo.

Si bien el reclutamiento y desarrollo de talento parecen ser los grandes desafíos de Tony, compensa los déficits en estas áreas siendo un líder muy fuerte e involucrado. La mayor parte de los ejecutivos que asumen las cargas de trabajo y estrés como Tony, se desmoronan con rapidez y esto es ciertamente un peligro para él. Si fuera más sabio, haría todo lo posible para integrar a Furio con todo su potencial. También reclutaría teniendo en mente la marca de su familia. ¿Qué hace distintiva a la familia Soprano? ¿Qué pueden ofrecer a los nuevos empleados que otras familias no ofrecen? Si Tony pudiera contestar estas preguntas y reclutar con las respuestas a mano, estaría en una mucho mejor posición, tanto en términos de talento como de su propia tranquilidad psicológica. También sería útil que Tony dedicara más tiempo a desarrollar a otras personas además de Christopher. Aunque Paulie y Sil probablemente están demasiado acostumbrados a sus métodos para cambiar, Bobby es una posibilidad. Tony podría considerar enviarlo a un programa de entrenamiento de ejecutivos y contratar a un externo como coach para ayudarlo a recuperarse de la muerte de su esposa (que está afectando a su desempeño en el trabajo).

Los consultores también hicieron la observación de que Tony no cuenta con un proceso gerencial de evaluación de desempeño, pero bajo mi punto de vista, no encuentro que esto sea negativo. Los procesos de este tipo ayudan a los empleados a comprender de qué deben rendir cuentas y cómo serán recompensados. El grupo de Tony tiene muy claros los objetivos y mediciones. Logran resultados y ven las recompensas de inmediato — dinero contante y sonante. Si no ganan dinero, pagan las consecuencias. No es necesario un formato para hacerlo más claro. Los procesos gerenciales formales de evaluación de desempeño también se refieren a la retroalimentación relacionada a qué se está logrando en comparación con los objetivos. Esto sería redundante en la operación de Tony, pues todos saben dónde están ante él; es una verdadera fuente de retroalimentación.

Mucho más que los consultores — quienes no están bien enterados de la efectividad de Tony con su gente en áreas diferentes a las de reclutamiento y desarrollo — creo que Tony constituye un excelente modelo para extraer un gran desempeño de su gente y generar fuertes relaciones dentro y fuera de su organización. Si usted piensa emular a Tony en estas áreas, las únicas precauciones que le recomiendo son:

- **Ponga tiempo y esfuerzo en la planeación de la sucesión.** Como Tony, muchos líderes no se interesan gran cosa en esta tarea. Consideran la planeación de la sucesión como un ejercicio meramente académico en el que recursos humanos escribe los nombres de los posibles sucesores en cuadros y éstos se guardan en una gaveta para acumular polvo. Al igual que Tony, quizás usted piensa que las cosas cambian tanto y con tanta rapidez — la gente renuncia, las especificaciones de puestos se modifican — que es mejor decidir quién va a reemplazar a quién cuando se haga necesario y no con meses de anticipación. En la gran mayoría de los casos, esto no es cierto. Las organizaciones bien administradas como General Electric, Avon, Pfizer y Colgate, poseen sistemas robustos de desarrollo de talento donde su revisión es tan importante como el proceso de planeación de negocios. Cuando los altos gerentes revisan a los empleados en forma periódica y astutamente analizan y ajustan quién es el mejor para una posición dada — y cómo desarrollar a la gente para diferentes asignaciones — terminan liderando un grupo de personas muy efectivo.
- **No suponga que su gente estará con usted para siempre...ni siquiera por un año.** Tony opera bajo el supuesto de que su gente no está en contacto con reclutadores profesionales y entrevistándose para otros empleos. Es muy probable que esté en lo correcto, pero usted no puede hacer estas suposiciones. Aunque se ha hablado y publicado mucho sobre la volatilidad del empleo y la falta de lealtad de los empleados, los líderes siguen sin creer que su gente más valiosa pueda renunciar. Créalo. Suponer que su personal permanecerá con usted por otros cinco a diez años alimenta una falsa sensación de complacencia; le dará una gran excusa para evitar el desarrollo de sucesores para posiciones clave. Si usted tiene tres

subordinados clave, enfréntese al hecho de que en un lapso de cinco años, lo más probable que dos de ellos se hayan marchado.

CLIMA Y CULTURA ORGANIZACIONAL

Fortalezas

- Equipo de trabajo fuerte y cohesivo.
- Solidez de valores y normas.
- Flujo libre de comunicaciones a todos los niveles.
- Alto nivel de confianza.
- Alto grado de candidez y apertura.

Debilidades

- Mala/lenta respuesta a los cambios.
- Indicios de deslealtad e insatisfacción de los empleados.
- Tendencia a ignorar o racionalizar problemas.

Aparte de la falta de un plan formal de beneficios, la organización de Tony es un buen lugar para trabajar. Tal como lo cita la firma de consultoría ONO, las compensaciones son altas, los empleados casi siempre trabajan con entusiasmo, son productivos, el trabajo en equipo y la camaradería son excelentes, y la gente se siente suficientemente cómoda con sus compañeros para expresar sus opiniones en forma honesta y sin ser editadas. Uno de los consultores de ONO hizo notar que muchas empresas afirman tratar a sus empleados como si fueran su familia, "pero Tony Soprano realmente cumple con esto". La cultura de la familia Soprano es un gran atractivo para unirse al grupo y permanecer en la organización.

Del lado negativo, la cultura parece ser menos estable en los últimos tiempos y ha experimentado problemas para absorber todos los cambios que se arremolinan dentro y fuera de la organización. Tony parece ignorar problemas que debería enfrentar y los resultados son refunfuños e indicios de deslealtad. Los miembros del grupo especulan sobre qué pasó con Ralph y se preocupan; esparcen rumores sobre Christopher y su problema con las drogas; están molestos de que uno de ellos está proporcionándole información interna a Johnny Sack. Como lo señala correctamente la gente de ONO, Tony debe confrontar todos estos aspectos y resolverlos si desea restaurar y preservar la fuerte cultura Soprano.

Esto es más fácil de decir que de hacer. Como cualquier empresa que esté creciendo y cambiando, la familia Soprano es vulnerable a un entorno cada vez más volátil y a las intensas presiones competitivas. Mantener una cultura estable en estas condiciones es difícil. De todas formas, Tony ha cometido algunos errores que han exacerbado los problemas culturales. Ciertamente, matar a Ralph en un arranque de furia no fue una buena acción de liderazgo desde ningún punto de vista. Además, Tony ha empeorado algunas situaciones al intimar con su gente y contarle que Johnny podría haber liquidado a Ralph. No le creen esta explicación y parece preocuparles el hecho de que Tony lo haya matado a causa de un desacuerdo. Piensan que si Tony pudo matar a Ralph — el mejor generador de dinero del grupo — también podría asesinarlos a ellos si se tropezaran con él. Este temor es una amenaza para la constante candidez y comunicación tan esencial para la cultura Soprano.

En forma similar, Tony parece estar cometiendo un error común a todos los líderes vulnerables: tiene favoritos. Tony favorece a Christopher porque "es de mi sangre y siempre se puede confiar en la sangre", pero Christopher se ha equivocado tantas veces que los demás miembros del grupo están cuestionando su criterio. Cuando Paulie estuvo en prisión y Christopher fue el capo en funciones, Patsy se refirió a él como un pequeño Napoleón. Sil también retroalimentó a Tony acerca de que Patsy podría estar descontento por sentirse desplazado por el favoritismo de Tony hacia Christopher.

He trabajado con líderes que habiendo tomado la decisión de su sucesor, ésa es la última palabra y se olvidan del desarrollo de todos los demás. Las opciones de compra de acciones y los aumentos se centran en el sucesor e incluso los empleados de buen desempeño pueden quedarse sin nada o con mucho menos de lo que antes tenían. Tener favoritos y olvidarse del equipo sólo sirve para desilusionar y desmotivar a los demás.

La actitud de Tony de permitir que sigan surgiendo preguntas acerca de las fugas de información de Johnny Sack es curiosa. En la organización de Tony, esto representa una ofensa muy seria al código de comportamiento. El negocio se mantiene dentro de la familia y no hay rumores fuera del ámbito familiar. Es poco característico de Tony no llegar hasta el fondo de este problema. Se podría pensar que Tony presionaría a cada uno de los miembros de la familia hasta que uno de ellos reventara (Paulie es el culpable). Debería ser consciente de la gran incertidumbre y trepidación que está creando.

Estoy suponiendo que, a pesar de estos errores, usted encuentra mucho que admirar en la cultura de Tony, en especial la camaradería que genera y las comunicaciones abiertas y honestas. Para mantener este tipo de cultura, necesitará tomar en cuenta los siguientes aspectos:

- **Cuídese de los favoritismos injustos.** Si bien una cultura familiar representa muchos beneficios, también tiene un problema inherente: los individuos se conocen entre sí tan bien que se forman amistades y surgen favoritismos de manera natural. Como en muchas familias, los padres tienden a favorecer a un hijo con respecto a otro. En las organizaciones cuyos jefes forman fuertes relaciones con sus subordinados, uno de ellos puede convertirse en "el consentido del profesor". Por lo general, se trata de un empleado de alto desempeño que tiene una formación común con la del jefe y trabaja con su mismo estilo. Si las recompensas y reconocimientos a esta persona son congruentes con su desempeño, el favoritismo tendrá muy poco impacto en la cultura. Por el contrario, cuando las recompensas y reconocimientos exceden a su desempeño — o por lo menos parece que es así — la gente comienza a protestar y la moral decae. Cuidarse del favoritismo injusto es difícil, tal como lo demuestra la situación de Tony. Como Christopher es de su misma sangre y a Tony le agrada genuinamente — y quizás ve algo de sí mismo en él — supone que todo mundo comparte esta perspectiva. A los ojos de Tony, Christopher es el elegido y nadie es más merecedor de su atención, tiempo y generosidad. Su favoritismo no le deja ver cómo perciben los demás su tratamiento hacia Christopher. Por consiguiente, usted deberá hacer un esfuerzo consciente de hacerse la siguiente pregunta: ¿Recibe mi sucesor o mi subordinado favorito un tratamiento congruente con su desempeño?
- **Enfrente los problemas rápida y abiertamente.** Los líderes de culturas con un tejido muy cerrado tienden a dar por segura la lealtad de su gente; olvidan que la candidez y la apertura son la base de una cultura y que si violan estos principios, pueden perder su per-

sonal clave con gran facilidad. Por lo general, Tony es brutalmente honesto en casi todos los aspectos, pero no en lo referente a la muerte de Ralph. Subestima el impacto negativo que su fingida ignorancia y expresiones confusas tienen sobre su equipo. También subestima el efecto de su fracaso en resolver la fuga de información que está teniendo. No hay duda, los problemas personales de Tony — su separación de Carmela — están afectando a su juicio. Si no fuera así, probablemente estaría más activo con su gente para resolver estos problemas.

ESTILO DE LIDERAZGO (EVALUACIÓN GENERAL DE TONY SOPRANO)

Fortalezas

- Carismático y competente.
- Gran astucia para los negocios.
- Alta inteligencia emocional.
- Enfocado en resultados.

Debilidades

- Usa con frecuencia la intimidación.
- Volátil.
- Probablemente es un sociópata.

Aunque lo más probable es que usted no quisiera que su hija se casara con Tony o que su hijo trabajara para él, sí le gustaría contratarlo para dirigir su organización. Un alto ejecutivo puede no ser una buena persona, pero dentro de los confines de su organización, si puede resultar benéfico para ella y para la gente con la que trabaja. ONO estudió el aspecto de la sucesión (suponiendo que Tony desearía suceder a Carmine) y analizó sus cualidades como candidato. Determinaron que era un excelente candidato, pero también hicieron notar algunos puntos menos favorables.

TONY Y CÓMO SUS EMOCIONES PUEDEN TENER UN IMPACTO NEGATIVO EN SU DESEMPEÑO

"Mi temperamento me hace cometer errores en mi trabajo"

En primer lugar, Tony se basa mucho en la intimidación para alcanzar sus propósitos. El problema, claro está, es que la fuerza le ayuda a lograr resultados de corto plazo, pero su personalidad avasalladora algunas veces desalienta a la gente a hacer compromisos a largo plazo o a ser consistentemente productiva. Hasta cierto grado, el impacto negativo de la naturaleza intimidante de Tony queda contrarrestada por el tipo de negocio que dirige; la gente espera que los líderes gangsteriles sean intimidantes. Aún así, Tony sería un mejor líder si desarrollara un aspecto clave de su inteligencia emocional: el autocontrol. Con demasiada frecuencia, su temperamento lo domina y después se arrepiente de su comportamiento errático. El comportamiento típico de Tony después de sus arranques de furia consiste en tratar de hacer las paces con una sonrisa, una disculpa sentida, una joya, flores o, si nada de esto funciona, con dinero en efectivo. No obstante, algunas veces nada de esto es una compensación adecuada. De hecho, la golpiza al congresista Zellman por su aventura con la ex de Tony, Irina, puede haberle costado caro. El congresista era uno de sus contactos clave y socio en varios de sus negocios, en especial en los asuntos de Esplanade y HUD. Después de la golpiza, el congresista terminó con Irina debido a que tenía dificultades para "funcionar". Es muy probable que ningún regalo ni cantidad de dinero compensará su vergüenza y pérdidas.

Los líderes pueden aprender a autocontrolarse y evitar estos comportamientos pertubardores, sólo cuando son capaces de determinar qué los dispara. Por ejemplo, Tony tiene una cierta idea de cuáles son sus "disparadores"; explota cuando alguien le dice una verdad que lo afecta en lo más íntimo. En estos casos, su reacción inicial usual es lanzarse al ataque. Cuando Carmela dice que su matrimonio no tiene futuro y que desea que se salga de la casa, golpea el muro en vez de su cara, con lo cual limita el daño. Tony está aprendiendo una de las habilidades de todo gran líder; manejar sus vulnerabilidades utilizando simultáneamente sus fortalezas.

Tal como la he señalado en estas páginas, el estilo de Tony contiene muchas enseñanzas. Su inteligencia emocional, su carisma y su orientación a resultados pueden ser cualidades muy atractivas. Sin embargo, si usted ve en Tony un buen modelo de liderazgo, necesitará hacer lo siguiente para aplicar su estilo a su trabajo:

- **Encuentre un punto de equilibrio empujar-jalar.** En otras palabras, no presione a la gente en exceso y atráigala hacia el resultado deseado. Si bien dudo que usted tenga batallas sangrientas con su personal, si puede estarlos apabullando verbalmente, en especial si tiene un temperamento agresivo. Esto puede ser parte de su estilo, que quizás lo haya ayudado a lograr un cierto grado de éxito. Es conocido como un tipo duro y a usted le gusta esa reputación. No obstante, debe darse cuenta que, mientras más responsabilidades de liderazgo tenga, menos valiosa será la intimidación. Al ascender en la jerarquía, encontrará más personas de alto desempeño que no podrá intimidar — o que simplemente no le harán caso. Por consiguiente, haga un esfuerzo para tener una gama más amplia de comportamientos para lograr los objetivos de su equipo.
- **Practique usar la zanahoria en lugar del garrote.** Elogie y determine si sus elogios motivan a algunos subordinados para trabajar mejor y más duro.
- **Genere relaciones fuertes.** Comprenda que mientras más responsables se sientan las personas con usted, con más ahínco trataran de alcanzar los objetivos fijados.
- **Sea consciente de lo que dispara su temperamento.** Si sabe qué cosas le hacen perder la calma y realiza un esfuerzo consciente para cuidar esas situaciones, probablemente manejará mejor su temperamento y evitará los comportamientos intimidantes.

¿QUÉ ESTÁ ESPERANDO?

Comience a ser un jefe más efectivo

Armado con las fortalezas de Tony y consciente de sus debilidades, podrá aplicar las lecciones aprendidas de él en casi cualquier posición de liderazgo y en cualquier tipo de empresa. Espero que acepte el consejo de absorber retroalimentación y desplegar su carisma. Confío en que esté dispuesto a inhalar el puro de Tony (figurativamente, por supuesto), listo para confrontar a alguien que haya estado evitando sin temores ni resabios.

Para ayudarlo a empezar desde el momento en que termine este libro, he incluido una lista de verificación de acciones inspiradas en Tony disponibles para usted. Quizás no sean los pasos exactos que quiera dar, pero espero que sí lo alienten a usar el conocimiento adquirido y ser un líder estilo Soprano.

- ❑ Sincérese con un cliente acerca de las razones por las cuales no ha cumplido con tres fechas, en vez de expresar excusas sin sentido; explíquele que ha descubierto a un empleado de embarques bebiendo en el trabajo, que está ya haciendo fila en las ventanillas de desempleados; prométale no volver a fallar; piense en que si su cliente no aprecia su honestidad, deberá olvidarse de él, de todas formas no valía la pena como cliente.
- ❑ Resuelva el "conflicto de personalidades" entre dos de sus subordinados; choque sus cabezas (de nuevo figurativamente) y hágales saber que usted y todos los demás están ya cansados de sus pleitos y que no los tolerará; explíqueles que o bien aprenden a trabajar juntos o tendrán que aprender a trabajar en otra parte.
- ❑ Programe su siguiente reunión en un restaurante en vez del salón de conferencias de la empresa; úsela para construir relaciones en vez de que sirva para corregir un contrato; conozca a sus empleados y permita que ellos lo conozcan a usted, reconociendo que ésta es la mejor estrategia de retención de empleados que podrá aplicar a menos que les dé un bono de un millón de dólares.
- ❑ Programe sesiones de confrontación con asociados, proveedores y clientes para mantener las cosas en orden y resolver conflictos; deje de tener conversaciones telefónicas insulsas e intercambios de correos electrónicos y empiece a tener más interacciones cara a cara para resolver problemas y aprovechar oportunidades.
- ❑ Establezca una cuota de una nueva idea de negocios por semana para usted mismo y para su gente; todo debe estar abierto a las nuevas ideas, desde formas de mejorar la comida en la cafeteria de los empleados hasta nuevos productos y servicios que el mundo necesita ahora; no castigue a nadie por malas ideas y recompense a todos por las buenas.

- ❑ Empiece a actuar como es en lugar de representar el papel de líder; permita que emerjan sus idiosincrasias, características dominantes de su personalidad y fortalezas como persona; deje de ocultar en su interior quién es en realidad y déjelo salir, para que al entrar a un lugar sea notado, tal como le sucede a Tony.

El estilo de Tony inspira a la gente a tomar acciones. Cuando usted conoce a Tony, su probable primera impresión es que lidera por intimidación. Sin embargo, después de un tiempo se da cuenta que hay mucho más en su estilo de liderazgo que flexionar sus músculos. Al observar a Tony en acción y reflexionar en la forma en que enfrenta los diversos problemas y oportunidades, percibe que es un jefe mucho más complejo de lo que aparenta a primera vista. Si usted puede separar lo que hace Tony para ganarse la vida de los asuntos importantes que enfrenta, verá en ello algunos de sus propios desafíos como líder. Su creatividad, carisma y valentía para resolver estos desafíos son un gran motivador. Una vez dejados a un lado los defectos de Tony, podrá sacar ventajas de sus fortalezas.

Como profesional del desarrollo de liderazgo, he encontrado que las personas que se convierten en jefes superlativos recorren con frecuencia los caminos menos trillados. Sus modelos de liderazgo no siempre se apegan a los comportamientos de ejecutivos muy conocidos y respetados, pues incluyen a instructores de artes marciales, profesores de ciencia del bachillerato, comandantes del servicio militar y hasta la adorada tía Agnes. A esta lista podemos agregar ahora a Tony Soprano. Quizás sea la última persona que su consejo de administración incluiría en la lista de sucesores del director ejecutivo, pero esto se debe a que sólo verían sus debilidades. Si consideraran sus fortalezas — carisma, visión, capacidad para generar enormes utilidades, habilidades para manejar relaciones y su proclividad a la ejecución — encontrarían que estas fortalezas concuerdan con sus especificaciones mucho mejor que las de cualquiera otro candidato para el puesto.

AJÁ DE TONY DE UN JEFE MÁS EFECTIVO

Los mejores líderes son seres humanos genuinos primero y hombres de negocios astutos después.

NOTAS

Capítulo 2. Carisma: Más que una corbata llamativa y un puro barato

Temporada 2, Episodio 9, "De dónde a la eternidad"
Temporada 2, Episodio 7, "La chica D"

Capítulo 4. Coach de jefes y tropas

Temporada 1, Episodio 8, "La leyenda de Tennessee Moltisanti"
Temporada 3, Episodio 3, "El hijo afortunado"
Temporada 1, Episodio 2, "46 de longitud"

Capítulo 5. Dímelo a la cara: Recibiendo retroalimentación

Temporada 1, Episodio 4, "Meadowlands"
Temporada 1, Episodio 13, "Sueño con Jeanne Cusamano"
Temporada 4, Episodio 5, "Pie-O-My"
Temporada 2, Episodio 6, "El vagabundo feliz"

Capítulo 6. ¿Me estás hablando?

Temporada 1, Episodio 1, "Piloto"
Temporada 1, Episodio 2, "46 de longitud"
Temporada 3, Episodio 1, "El vecindario del Sr. Ruggerio"

Capítulo 8. Comprender su profunda necesidad de destruir a la competencia

Temporada 1, Episodio 1, "Piloto"

Índice analítico

Impreso en:
Impresora Múltiple, S.A. de C.V.
Saratoga No. 909 Col. Portales
03300 - México, D.F., Julio 2005